de l'Énergie vitale

L'Oracle

Conseil éditorial : Karine Sylvestre
Édition : Hélène Meurice
Correction : Audrey Peuportier
Maquette et design du coffret : Laurie Baum
Illustrations postures de yoga : Ho Thanh Hung

10, place des Cinq-Martyrs-du-Lycée-Buffon
75015 Paris – France
ISBN : 979-10-285-2679-5

Alice Morgane Dancette

L'Oracle de l'Énergie vitale

Rencontrez votre Kundalini

LEDUC
ÉSO

Sommaire

INTRODUCTION

« Toute la création
est une histoire d'amour
sans fin. »

L'idée de cet oracle est née de mon désir de réunir dans un objet concret les pratiques qui m'ont tant apporté et transformée et qui me soutiennent au quotidien, mais aussi d'honorer et de partager les visions guérisseuses que j'ai reçues lors de cérémonies chamaniques ou pendant mes pratiques du Kundalini yoga.

C'est d'abord mon énergie masculine qui en a rêvé, puis mon énergie féminine a pris le relais et l'a couvé au creux de mon ventre un certain temps. Une danse s'est ensuite mise en place entre mon Shiva, dédié à l'écriture des textes, et ma Shakti, à l'œuvre dans la création des mandalas. C'est grâce à leur alliance que cet oracle a finalement pu s'incarner dans la matière.

Au-delà de la joie vécue pendant ce processus créatif et du sentiment d'accomplissement de voir ce bébé prendre forme, je vous confie que cette cocréation entre mon féminin et mon masculin intérieur a été un grand cadeau de guérison, et je remercie la vie de m'avoir permis de vivre cette réconciliation entre mes polarités, à travers ce cheminement artistique.

INTENTION DE CET ORACLE

L'intention que je souhaite transmettre au travers de cet oracle pourrait se résumer ainsi :

« Incarne tes valeurs, reconnais ta beauté intérieure et ouvre-toi à recevoir toutes les opportunités que la vie t'envoie pour servir au mieux la mission qui est la tienne. »

Puisse cet oracle être un compagnon de voyage, sensible et au plus proche de votre vérité intérieure.

Puisse-t-il vous soutenir, vous donner du courage et vous ramener dans la plénitude de l'instant présent. Car ce n'est que lorsque nous habitons vraiment notre corps que nous revenons dans le seul moment qui existe vraiment, maintenant.

Puissent ces mandalas vous ouvrir les portes du Grand Mystère et vous connecter à la beauté et à la magie de la vie.

Puissent ces guidances vous emmener au-delà du mental, du connu, et vous faire voyager dans ce grand miracle qu'est votre vaisseau corporel et l'immensité de l'espace de votre cœur.

En tant qu'oracle de l'énergie vitale, l'invitation ultime est que vous puissiez vous réapproprier votre corps, comme un canal des énergies du Ciel et de la Terre réunies en harmonie, et ainsi vous mettre au service du vivant avec joie et grâce.

Le corps humain comme un mandala intérieur

Alors que j'étais perdue dans les méandres de mon mental agité, le Kundalini yoga a été une ressource précieuse pour me rappeler que tout commence dans cet incroyable univers qu'est mon corps et que sans ce magnifique véhicule je ne vais pas très loin.

Aujourd'hui, émerveillée par les changements rapides et concrets que cette pratique a générés en moi, par les répercutions qu'elle a engendrées dans ma vie extérieure, je l'ai intégrée à mon quotidien comme un véritable art de vivre.

Ce que j'aime particulièrement dans le Kundalini yoga, c'est sa dimension initiatique et alchimique, qui le rapproche de la voie tantrique, mais aussi sa puissance transformative et créative.

En effet, de même que lorsque je crée des mandalas, quand je pratique le Kundalini yoga, je peux observer une réorganisation quasi instantanée dans mon corps, comme si je créais de véritables mandalas à l'intérieur de moi : je peux redessiner mes espaces, remettre des couleurs là où mes cellules ont perdu de leur radiance et sentir mon aura se renforcer.

Nous pouvons ainsi réinvestir notre corps selon nos envies et mes besoins et ainsi appréhender le monde et la réalité de manière encore plus authentique et personnelle.

Malgré l'aspect quelque peu exotique ou impressionnant du Kundalini yoga au premier abord, je vous souhaite de découvrir dans votre corps le sens profond de ces gestes et de ressentir la beauté de ce temps dédié à la reliance au Divin en vous.

L'ÉNERGIE DE LA KUNDALINI

La Kundalini désigne l'énergie primordiale présente en chaque être humain, lovée dans le bas de notre colonne vertébrale. Elle serait éveillée à seulement 5 % chez la plupart des personnes.

Kundalini désigne poétiquement la « boucle de cheveux de la bien-aimée ». En état de réveil, elle est la puissance créatrice de la conscience renfermant dans son essence Shiva et Shakti.

L'ascension de la Kundalini se fait grâce à l'ouverture de chacun de nos chakras, permettant la circulation harmonieuse et fluide de ce flux vital d'un niveau à l'autre.

Le but de cet oracle n'est pas de prétendre réveiller la Kundalini par la force, mais plutôt de venir préparer en douceur tous vos différents corps à recevoir cette possibilité, de manière progressive, à l'aide de respirations spécifiques, de postures et de méditations chantées, mais aussi par la danse spontanée et différents rituels simples et puissants.

Qu'est-ce que le Kundalini yoga ?

La merveilleuse technologie du Kundalini yoga nous offre une multitude de *kriya* ou séries d'exercices, pour explorer toutes nos problématiques humaines et mener à un plus grand équilibre physique, émotionnel et mental.

Dans un souci pratique, j'ai sélectionné ici les postures et les méditations les plus faciles à mettre en place, mais si vous souhaitez découvrir plus amplement toute la richesse de cet héritage, n'hésitez pas à compléter votre pratique par vous-même en cherchant dans des livres ou sur Internet, ou bien en intégrant une communauté de yoga, un cercle de yogis et de yoginis.

À mon échelle, j'ai à cœur avec cet oracle de démystifier le Kundalini yoga et de le rendre accessible à tous, quelles que soient vos croyances, votre expérience du yoga ou vos perceptions initiales de la réalité.

Car il s'agit là avant tout d'une invitation à ressentir, à expérimenter de manière sensible et innocente ce qui se passe à l'intérieur de vous et à renouer avec ce trésor qu'est votre corps !

LES MANDALAS

À l'image de la pratique du Kundalini yoga, le chemin de la création du mandala est un équilibre entre l'extase et la tension, la fluidité et le contrôle, le lâcher-prise et la discipline.

Comme le dit si bien Fabrice Midal : « Lorsque nous dessinons ou contemplons un mandala, nous apprenons à unifier ensemble ce qui nous fait mal et ce qui nous éblouit, ce qui nous émerveille, mais aussi ce qui nous fait peur*. »

Ces mandalas peuvent être reçus comme différentes représentations visuelles de l'énergie de nos sept principaux chakras, ces roues d'énergie réparties le long de notre colonne vertébrale.

* Fabrice Midal, *Petite Philosophie des mandalas*, Points, 2014, p. 15.

En effet, j'ai créé chacun de ces mandalas avec l'intention qu'ils entrent en résonance avec une famille de chakras spécifique.

Chaque mandala est un support de visualisation. Il agit comme un portail pour activer en profondeur la qualité ou la fréquence qu'il vous est proposé d'expérimenter.

Certains sont très structurés, à l'image de notre polarité masculine, et d'autres sont plus libres et spontanés, en écho à notre polarité féminine.

LES CHAKRAS

Notre corps contient plus de 72 000 canaux appelés nadis (ou méridiens), traversés par le prana, le souffle de vie. Ils véhiculent l'énergie cosmique dans tout le corps et se réunissent dans nos chakras comme les rayons d'une roue.

Les trois canaux d'énergie principaux sont Ida, à gauche (le principe féminin, la Shakti, notre nature changeante), et Pingala, à droite (le principe masculin, Shiva, la conscience ou l'observateur éternel), qui s'entrecroisent sur Sushumna, le canal central. C'est ce canal central qui abrite nos sept chakras principaux.

Signifiant « roue » en sanskrit, les chakras sont des centres énergétiques, localisés sur une ligne qui va de notre coccyx jusqu'au sommet de notre crâne. Ils vibrent chacun à une fréquence particulière, du plus dense au plus subtil.

Luis Ansa dit à leur sujet : « Chaque chakra est en état latent d'ouverture, quand il s'ouvre il passe de l'état de point à l'état de sphère. Ce sont des vortex, des forces centripètes ou centrifuges*. »

Ils sont souvent représentés comme des fleurs, chacune ayant son propre nombre de pétales, qu'il s'agit de venir approcher délicatement, avec tendresse et amour.

---

* Luis Ansa, *La Voie du sentir*, Éditions du Relié, 2016, p. 436.

LES CARTES « RESPIRATION »

La respiration, ou pranayama en sanskrit, c'est la vie, tout commence par le souffle. *Prana* signifie « respiration » mais aussi « vitalité », « principe de vie ».

« Le prana est la chose la plus puissante et la plus créative que Dieu ait jamais créé, parce que du prana est arrivé la vie*. » Yogi Bhajan

Lorsque nous sommes pris dans le tumulte de nos pensées, c'est la manière la plus immédiate de nous reconnecter avec le miracle qui fait que nous sommes ici, dans ce corps grâce à notre âme qui respire au travers de nous sans effort.

Le souffle sera votre guide dans votre pratique, c'est lui qui vous permettra de traverser n'importe quelle posture ou méditation, quel que soit l'inconfort rencontré.

* Yogi Bhajan, *Prana Prani Pranayam*, Golden Temple France, p. 1.

N'hésitez pas à faire de longues pauses pour ressentir l'énergie circuler dans votre corps et à vous concentrer sur chacun des chakras en lien avec chaque proposition de respiration.

Commencez toujours par inspirer et expirer naturellement par le nez. Après chaque respiration, faites une pause pendant laquelle vous resterez immobile et observerez l'énergie se réorganiser.

LES CARTES « POSTURE »

En Kundalini yoga, on ne cherche pas l'alignement parfait, mais plutôt à traverser la posture et à observer avec curiosité, comme un enfant qui découvre pour la première fois, les effets de celle-ci dans notre corps.

Néanmoins, les différents angles proposés dans les postures et les méditations ne sont pas anodins. Ils viennent solliciter des muscles spécifiques dans notre corps par leur compression ou leur étirement et stimuler différents organes pour activer notre système lymphatique et hormonal.

Grâce au contact de vos doigts entre eux, les mudras activent quant à eux des qualités spécifiques, en lien avec les planètes de notre système solaire : l'ego positif pour le pouce relié à Mars, la sagesse pour l'index relié à Jupiter, la patience pour le majeur relié à Saturne, l'abondance pour l'annulaire relié à la Terre et au Soleil, et la communication pour l'auriculaire relié à Mercure.

D'un point de vue plus spirituel, c'est une invitation à nous harmoniser avec l'Univers qui contient tout et à activer nos pouvoirs d'autoguérison naturelle.

LES CARTES « MÉDITATION »

Les méditations de Kundalini yoga sont très fréquemment accompagnées de mantras.

Le mot *mantra* en sanskrit signifie « véhicule de l'esprit ».

« Les mantras ne sont pas de petites choses, les mantras ont du pouvoir. Ils sont la vibration de l'esprit en relation avec le Cosmos. »

« La science du mantra est basée sur la connaissance que le son est une forme d'énergie ayant une structure, un pouvoir et un effet prévisible et défini sur les chakras et la psyché humaine*. » Yogi Bhajan

* *Id.*, *ibid.*

Lorsque vous chantez des mantras, sentez votre corps vibrer de l'intérieur. Ils permettent d'entrer en résonance directe avec l'énergie d'amour de la Source.

Chaque mantra apporte une information spécifique à vos cellules et vient nourrir vos chakras là où ils en ont besoin. Mais, au-delà de leur signification, c'est avant tout leur vibration qui importe, ainsi que la stimulation des nadis du palais par la langue lorsque vous les prononcez.

Ne vous jugez pas lorsque vous les chanterez, soyez simplement ouvert(e) et détendu(e) et éveillez vos hormones de bien-être en laissant votre voix s'exprimer !

LES CARTES « MOUVEMENT DANSÉ »

Quand j'ai découvert la danse libre ça a été une révélation : j'ai un corps sensible et j'ai le droit de me laisser mouvoir par l'énergie qui veut se danser au travers moi ! J'ai pu ressentir dans toutes mes cellules la Shakti s'éveiller en moi et toucher des moments de grâce.

Je suis toujours émerveillée par l'efficacité du pouvoir libérateur de la danse libre et du regain de vie et qu'elle nous offre lorsque nous osons nous laisser traverser. Ici l'intention est de vous donner des pistes d'explorations, dans le confort de votre maison, sans aucune autre exigence que celle de vous faire du bien.

Je vous conseille vivement d'effectuer les exercices d'échauffement du Kundalini yoga avant de faire la mise en pratique proposée dans les cartes « Mouvement dansé ».

Votre corps sera ainsi préparé à recevoir la guidance et vous sentirez sûrement que vos mouvements gagneront en finesse de perception.

LES CARTES « RITUEL »

Le sacré est partout, c'est notre façon de regarder le monde qui le fait advenir, tout est sacré dans l'Univers, de votre anus à votre âme.

Selon Fabrice Midal, « le sacré est le visage de notre rapport à l'entièreté du monde qu'il nous faut réussir à reconnaître* ».

Ces rituels sont une manière de nous relier au sacré et aux éléments qui nous composent de manière symbolique et ludique.

L'important, c'est l'intention que vous y mettrez, alors faites-les sérieusement, mais sans vous prendre trop au sérieux !

* Fabrice Midal, *Petite philosophie des mandalas*, *op. cit.*, p. 85.

COMMENT UTILISER CET ORACLE ?

De quoi se compose ce jeu ?

Ce jeu se compose de 40 cartes réparties en huit familles (les sept chakras principaux + la famille « Guru ») comportant chacune une carte « Respiration », une carte « Posture », une carte « Méditation », une carte « Mouvement dansé » et une carte « Rituel ».

Quarante, c'est le chiffre du passage et de la transformation. Dans la tradition initiatique, c'est aussi la durée de l'introspection, le temps de la transition nécessaire à un changement profond.

Il faudrait quarante jours pour intégrer une nouvelle habitude dans son quotidien.

Il est formé du chiffre 4 qui nous parle du monde manifesté dans toute sa perfection et du 0 qui évoque le mystère qui sous-tend la création. Ce sont donc deux chiffres parfaitement complémentaires : l'un symbolise la matière et l'autre représente l'esprit.

Certaines cartes sont plus propices à une pratique le matin au lever pour vous dynamiser, tandis que d'autres seront préférables le soir, pour vous apporter plus de calme et de sérénité. En général, cette information est indiquée sur la carte.

Il n'y a pas de bonne ou de mauvaise manière d'utiliser cet oracle, simplement il y a des façons plus propices pour se connecter au sacré et s'ouvrir à la magie : soyez attentif(ve) à la qualité de votre présence et développez votre rapport personnel à la beauté.

Cela peut être une bougie que vous allez allumer, un encens que vous allez brûler, le soin apporté au tissu sur lequel vous allez étaler les cartes, une pensée pour vos guides ou un sourire adressé aux gardiens du lieu dans lequel vous allez faire votre tirage. Ces petits gestes vous rattachent au merveilleux lorsqu'ils sont effectués avec sincérité et dévotion.

Comment ouvrir l'espace de la pratique ?

En Kundalini yoga, voici la manière traditionnelle d'ouvrir l'espace de la pratique :

- Asseyez-vous confortablement, en posture facile (les jambes croisées, la colonne vertébrale droite, le menton légèrement rentré, les mains reposant sur les genoux).
- Respirez naturellement en observant votre souffle entrer et sortir de vos narines.
- Joignez les mains ensemble au niveau de votre poitrine et frottez les l'une contre l'autre pendant quelques secondes pour venir activer la flamme de votre cœur. Puis revenez en mudra de la prière, les pouces contre le sternum.
- Inspirez, expirez, puis inspirez pour chanter l'Adi mantra sur une seule respiration : « *Ong Namo Guru Dev Namo.* »
- Répétez-le trois fois.
- Ce mantra vous relie à votre enseignant intérieur.

Ong est la force créative de Dieu, comme le *Om*, mais, par la nasalisation « ng », le son est projeté à travers le troisième œil vers l'infini.

Namo est une manière d'appeler avec respect une énergie et *Guru Dev* est cette sagesse en Soi qui nous permet de passer de l'ombre à la lumière. Il pourrait se traduire par : « J'invoque la sagesse universelle, le divin enseignant à l'intérieur de moi. »

Déroulement classique d'une pratique

- exercice de respiration ;
- enchaînement de différentes postures ;
- relaxation ;
- méditation chantée.

Si vous disposez de peu de temps vous pouvez mettre de coté la méditation finale mais dans l'idéal, terminez toujours votre séance par une relaxation d'au moins sept minutes pour intégrer tous les bienfaits de la pratique. Puis refermez l'espace en chantant trois fois *Sat Nam* (un long *Sat* et un court *Nam*) les mains jointes en mudra de la prière devant la poitrine. Cette salutation finale est une manière de s'incliner devant votre véritable identité (*Sat* signifiant « vérité » et *Nam* « mon identité »).

LES TIRAGES

Tirage à une carte

La proposition peut être simplement de tirer une seule carte et de vous laisser vous imprégner de l'énergie du mandala. Ressentez ce qu'il a à vous transmettre, laissez ses vibrations d'amour infuser dans votre cœur et dans toutes vos cellules.

Vous pouvez placer la carte sur les différentes parties de votre corps, en fonction du chakra activé par le mandala representé sur celle-ci : au niveau de votre coccyx pour le 1er chakra, de votre bas ventre pour le 2e chakra, votre plexus solaire pour le 3e chakra, votre poitrine pour le 4e chakra, votre gorge pour le 5e chakra, entre vos sourcils pour le 6e chakra, sur le haut de votre crâne pour le 7e et légèrement au dessus de votre tête pour les cartes GURU. Laissez la carte oeuvrer quelque instants tout en répétant l'affirmation à haute voix.

Vous pouvez aussi informer votre eau avec la carte en la plaçant sous une bouteille en verre ou la déposer sous votre oreiller pour recevoir ses guidances pendant votre sommeil. Faites-vous confiance et laissez votre intuition vous guider !

Tirage Sadhana

Ce tirage permet de vous rendre autonome dans votre pratique du Kundalini yoga et de laisser place au « hasard », ou choix divin, si vous n'avez pas l'intuition de savoir dans quelle direction votre corps souhaite travailler aujourd'hui.

Pour ce tirage, la proposition est de tirer une carte de la famille « Respiration », trois à sept cartes de la famille « Posture » (selon le temps dont vous disposez) et une carte de la famille « Méditation » pour construire votre pratique du jour.

Je vous encourage vivement à tenir un journal de pratique. Notez votre progression dans un carnet. Si une carte revient plusieurs fois dans vos tirages, il pourrait être bon d'installer une sadhana (une pratique de quarante jours consécutifs) de la même respiration, de la même posture ou de la même méditation pour en retirer tous les bienfaits.

Tirage Kundalini

Pour ce tirage l'idée est de tirer sept cartes (une pour chacun de vos chakras) et d'observer si les couleurs coïncident.

Par exemple :

- Pour votre chakra racine, si vous tirez une carte de la famille chakra couronne, vous pouvez vous demander : est-ce que vous ne fuyez pas la réalité ? Est-ce que vous acceptez votre incarnation ? Est-ce que vous prenez suffisamment soin de votre corps ?
- Pour votre chakra sacré, si vous tirez une carte de la famille chakra du plexus solaire, vous pouvez vous demander : arrivez-vous à lâcher prise facilement, à vous laisser aller en confiance dans vos relations personnelles ?
- Pour votre chakra du coeur, si vous tirez une carte de la famille chakra racine, vous pouvez vous demander : êtes-vous trop axé(e) sur le matériel, l'action, le concret ?
- Pour votre chakra du troisième œil, si vous tirez une carte de la famille chakra sacré, vous pouvez vous demander : est-ce que vous ne penseriez pas qu'à vous amuser et à vivre selon vos désirs ?

ÉCHAUFFEMENT

Commencez toujours par mettre votre corps en condition de recevoir les guidances avec ces quatre exercices d'échauffement.

Rotation du bassin

- Installez-vous en posture facile assis, les jambes croisées sans support, et agrippez fermement vos genoux avec vos mains.
- Venez dessiner des grands cercles avec votre bassin dans le sens des aiguilles d'une montre.
- Inspirez vers l'avant, expirez vers l'arrière.
- Laissez-vous emporter dans ce mouvement fluide et naturel initié par votre sacrum tout en pensant à garder la colonne bien droite.

- Continuez pendant une minute environ et changez de sens. Puis revenez progressivement au centre et inspirez en retenant le souffle.

- Contractez mulabhanda (votre anus, votre périnée et votre nombril), maintenez l'air dans vos poumons quelques instants, puis expirez et ressentez l'énergie circuler dans votre corps.

Flexion de la colonne

- Restez en posture facile assis, la colonne bien droite, et attrapez vos chevilles avec vos mains, vos bras sont tendus.

- À l'inspiration, basculez vers l'avant en cambrant la colonne et en gonflant le ventre et la poitrine.

- À l'expiration, basculez le bassin vers l'arrière en arrondissant le dos et en creusant le ventre.

- Gardez la tête bien droite, le cou dans l'alignement de la colonne. Pour cela, imaginez que vous avez une petite orange entre votre menton et la base de votre cou.

- Continuez ainsi pendant deux minutes environ.

- Pour terminer, inspirez au centre le dos droit en retenant l'air quelques instants, puis expirez et relâchez la posture.

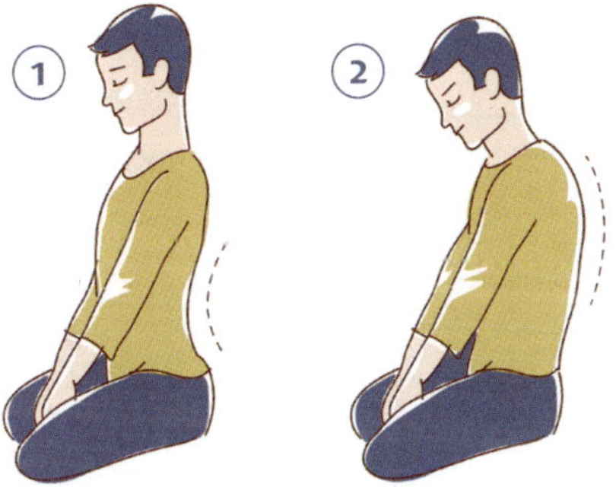

Rotation de la colonne

- Asseyez-vous jambes croisées en posture facile, attrapez vos épaules avec vos mains, les doigts sur le devant et les pouces à l'arrière.

- Maintenez bien vos coudes dans l'alignement de vos épaules.

- Inspirez en faisant pivoter le buste vers la gauche et expirez en pivotant vers la droite.
- Synchronisez votre respiration avec le mouvement de rotation.
- Continuez pendant environ deux minutes.
- Ralentissez petit à petit, puis inspirez profondément au centre, retenez l'air quelques instants et expirez.

Ouverture des hanches

Restez assis(e) sur vos fessiers, de préférence sans support, et joignez la plante de vos pieds ensemble en veillant à garder le dos droit. Attrapez vos pieds avec vos mains au niveau des orteils et prenez le temps de trouver la distance confortable entre vos pieds et votre périnée selon l'ouverture de vos hanches.

Puis commencez à battre des ailes comme un papillon en inspirant lorsque vos genoux montent et en expirant lorsqu'ils redescendent. Continuez pendant deux minutes à votre rythme et accélérez pendant la dernière minute si vous êtes à l'aise.

1ER CHAKRA

CHAKRA RACINE

MULADHARA

Le chakra racine est situé au niveau du périnée, entre l'anus et les organes sexuels.

Le symbole du chakra racine est une fleur de lotus à quatre pétales de couleur rouge, représentée par un cercle à l'intérieur duquel se loge un carré contenant lui-même un triangle pointant vers la Terre-Mère.

Ce triangle pointant vers le bas est le symbole de l'esprit se connectant à la matière.

Il nous parle de notre existence terrestre, de notre corps, de nos fondations. Il est considéré comme le centre de notre force vitale, c'est le siège où Shakti Kundalini est enroulée, attendant d'être réveillée pour venir distribuer son énergie à travers les chakras supérieurs.

Ce chakra est associé à l'instinct de survie et à la capacité d'avoir les pieds sur terre.

Le chakra racine fournit les bases solides sur lesquelles nous construisons notre vie. Il nous soutient dans notre croissance et nous aide à maintenir un sentiment de sécurité au fil de notre exploration des différents aspects de la vie. Il est lié à nos besoins corporels, en rapport avec le logement, la nourriture et la sécurité financière.

Ancrage

Affirmation :

« Mon corps est la maison de mon âme. »

Si vous avez tiré cette carte, c'est pour vous questionner sur votre sentiment de sécurité intérieure : Comment habitez-vous votre corps ? Peut-être l'avez-vous délaissé ces derniers temps, lui demandant de compenser comme il peut.

C'est en honorant votre corps que vous serez capable de vous relier à l'aspect le plus sacré de votre vie. Peut-être que vous cherchez à combler ce vide par des occupations, des distractions, toutes sortes d'addictions physiques ? C'est aussi l'occasion pour vous de vous interroger sur votre rapport à l'argent et aux possessions matérielles. Peut-être avez-vous besoin d'acheter beaucoup d'objets, de consommer toutes sortes de produits pour vous rassurer ?

- **Observez-vous :** êtes-vous en mode survie, du genre à faire des réserves excessives « au cas où » ? Ou au contraire êtes-vous plutôt une cigale qui dépense sans réfléchir au lendemain ?

Renforcer sa stabilité interne

Rappelez-vous que, où que vous alliez, quelles que soient les circonstances extérieures, votre corps est votre port d'attache, votre foyer, votre meilleur ami.

C'est le premier endroit auquel donner de l'importance, du soin et de l'amour pour qu'il puisse être une boussole, un guide stable et sécurisant.

Musique suggérée

Temple Caves, de Mickey Hart.

Mise en pratique

Installez-vous debout, bien stable sur vos jambes écartées à la largeur de votre bassin. Vos bras pendent naturellement le long de votre corps. Commencez par ressentir les contours de votre corps, votre enveloppe physique.

Inspirez en contractant l'anus et le périnée tout en soulevant les épaules et en serrant les poings.

Expirez en relâchant.

Continuez ainsi pendant trois minutes.

Relâchez et observez pendant un instant les sensations au niveau de votre 1er chakra.

Ressentez votre ancrage se déployer dans cette verticalité Terre – Ciel.

Digestion

Affirmation :

« Je suis une bonne mère pour moi. »

Cette carte vient vous interroger sur votre lien à votre mécanique interne, votre transit. Comment vous nourrissez-vous, en ce moment ? Votre digestion est-elle de bonne qualité ? Et, plus trivialement, comment vont vos intestins ?

Êtes-vous cette bonne mère pour vous-même, à l'écoute des besoins de son enfant ? Prenez-vous plaisir à préparer vos propres repas avec amour ? Mangez-vous suffisamment d'aliments vivants, venant directement de la terre ? Prenez-vous le temps de bien mastiquer votre nourriture ?

Posture du corbeau

Cette posture du corbeau vise à renforcer votre système digestif pour éliminer de manière naturelle et optimum !

Musique suggérée

Bone to Bone, de Brent Lewis.

Mise en pratique

Démarrez en position debout, vos pieds à largeur de vos hanches, et venez vous accroupir tout en gardant les talons au sol.

Vous pouvez joindre les paumes des mains en prière entre vos genoux pour maintenir une posture stable ou bien allonger vos bras en fermeture de Vénus (les index pointés ensemble vers l'avant, les autres doigts entrelacés, le pouce gauche sur le pouce droit pour les femmes, le pouce droit sur le pouce gauche pour les hommes).

Aménagez cette posture selon vos possibilités du moment. Peut-être que vos genoux ne vous permettent pas de descendre jusqu'en bas, dans ce cas gardez vos hanches au niveau de vos genoux ou plus haut.

Inspirez profondément par votre 1er chakra, comme si vous pompiez l'énergie vitalisante de la Terre-Mère, laissez-la vous aimer, vous nourrir, vous soutenir.

Expirez en demandant à la Terre de venir recycler vos énergies périmées, tout ce qui ne vous sert plus.

Continuez pendant quelques minutes et laissez faire ce nettoyage naturel.

Remerciez chaleureusement la Terre-Mère et votre 1er chakra pour ce temps de connexion.

ACCEPTATION

Affirmation :

« J'accepte que je ne peux pas tout contrôler. »

Cette carte vient à vous pour vous questionner sur vos possibles rigidités intérieures : peut-être ressentez-vous dans votre quotidien des agitations qui vous déstabilisent ? des conflits dans votre environnement qui vous font peur ? Rappelez-vous que vous pouvez activer votre prise de terre à tout moment pour maintenir votre stabilité quoi qu'il se passe autour de vous.

Méditation de reconnexion à la Terre

Cette méditation douce et harmonisante va vous permettre de cheminer dans cette intention et de relâcher les préoccupations sur lesquelles vous n'avez pas la main.

Mantra

Sat Nam Sat Nam Wahe Guru Wahe Guru

Musique suggérée

Sat Nam Wahe Guru, de Shunya & Amrita Devi.

Mise en pratique

Installez-vous en posture facile, les jambes croisées sur le sol avec un petit support sous les fesses pour surélever légèrement votre bassin.

Venez tendre vos index (le doigt de Jupiter), les autres doigts sont repliés ensemble dans la paume de votre main.

Chantez le mantra avec la musique selon le rythme suivant :

- *Sat* : vos index touchent la terre.
- *Nam* : vos index se rejoignent au niveau de votre menton ;
- *Sat* : vos index touchent la terre ;
- *Nam* : vos index se rejoignent au niveau de votre menton.
- *Wahe* : vos index touchent la terre.
- *Guru* : vos index se rejoignent au niveau de votre menton.
- *Wahe* : vos index touchent la terre.
- *Guru* : vos index se rejoignent au niveau de votre menton.

Gardez les yeux fermés tout au long de la méditation et concentrez-vous sur la sensation de contact avec la terre en alternant avec le contact de vos index qui se touchent entre eux. Si vous manquez vos index lorsque vous essayez de les ramener ensemble, cela signifie que vous n'êtes pas concentré(e). Respirez et continuez, vous allez y arriver !

Racines

Affirmation :

« Je sais que j'ai ma place dans le monde. »

Si vous avez tiré cette carte, c'est pour vous parler de votre incarnation, de votre place ici, en tant qu'enfant de la Terre-Mère. C'est une invitation à faire confiance à la gravité, à laisser votre poids, votre présence s'harmoniser avec la fréquence vibratoire de la Terre en toute confiance.

Voici quelques questions à vous poser : avez-vous dit un grand « oui » à la vie en vous levant ce matin ? Êtes-vous satisfait(e) de vos rapports avec votre famille, avec votre fratrie ?

Peut-être que vous avez momentanément perdu le lien avec vos racines ? Ressentez-vous le soutien de vos ancêtres ?

Danse de reliance à sa lignée terrestre

Cette danse va vous permettre de vous reconnecter à votre lignée et à vos origines terrestres.

Musiques suggérées

Janjara, de James Asher, *Foret Vierge* de Guem & Zaka Percussion et *Power Dance* de Professor Trance.

Mise en pratique

Tenez-vous debout, tel un arbre entre ciel et terre. Ressentez vos pieds sur le sol, le poids de votre bassin, l'axe de votre colonne vertébrale. Détendez votre anus et votre périnée, ouvrez vos hanches et relâchez vos épaules. Relâchez également vos mâchoires.

Faites quelques cycles de respirations profondes et expirez dans un long soupir la bouche ouverte : « Aaaaaaahhh... »

Puis, avec la plus grande lenteur, commencez à lever un pied, puis l'autre.

En gardant cette même qualité de présence à vous-même, observez la manière dont vous pouvez vous déplacer : sentez votre talon se poser sur le sol tandis que l'autre pied se détache progressivement à mesure que vos orteils se déploient.

Restez en lien avec votre respiration, longue et profonde. Sentez votre ventre qui se gonfle à l'inspiration, puis qui se relâche à l'expiration.

Gardez votre bouche détendue, légèrement entrouverte.

Revenez progressivement à l'immobilité et prenez un moment pour apprécier la sensation de vos pieds sur le sol.

Ressentez ou imaginez des racines puissantes qui partent de la plante de vos pieds et qui poussent jusqu'au centre de la Terre.

Ressentez le soutien de cette Terre qui vous aime, son énergie qui remonte depuis son cœur chaud et palpitant, qui vient nourrir vos pieds, vos mollets, vos cuisses, jusque dans votre 1er chakra, pour illuminer toute cette zone de votre corps.

Imaginez que votre périnée est comme magnétisé par le centre de la Terre, vous pouvez visualiser une couleur dorée cuivrée qui vient irriguer votre périnée.

Quand vous sentez que vous vous êtes suffisamment imprégné(e) de cette énergie de confiance, invoquez le soutien de vos ancêtres bienveillants et laissez votre corps bouger au rythme de la musique.

Une fois la danse terminée, prenez un temps pour remercier votre lignée pour ce moment de communion et allongez-vous quelques instants sur le sol pour envoyer vos prières à la Terre.

Alignement

Affirmation :

« J'incarne mes valeurs. »

Cette carte vient vous parler de vos engagements envers vous-même et vos valeurs. Peut-être que vous ressentez un décalage entre vos aspirations profondes et vos actions au quotidien. C'est le moment de vous réaligner, de manière ludique et concrète.

Pour être heureux(se) d'être en vie et ressentir un sentiment d'accomplissement, il est important de se rappeler ce qu'on est venu(e) incarner, ce pour quoi nous avons envie de vibrer dans cette vie.

Rituel d'alignement à ses valeurs

L'intention de ce rituel d'ancrage du Verbe créateur dans votre chair est de vous amener à « marcher votre parole » avec fierté et dignité.

Matériel

- Une huile essentielle vous connectant à l'odeur de la terre, par exemple cèdre de l'atlas, vétiver, patchouli, clou de girofle… ;
- un feutre de couleur rouge.

Mise en pratique

Commencez par prendre un temps de connexion avec vos pieds en venant les masser avec une goutte d'huile essentielle de votre choix, avec présence et gratitude.

Après vous être bien relié(e) à vos pieds grâce à ce massage d'ancrage, je vous propose de laisser venir à vous deux valeurs clés que vous souhaitez davantage incarner dans votre vie. Par exemple : la générosité et la vitalité.

Une fois que vous avez identifié et respiré avec ces deux valeurs, venez les écrire en lettres capitales avec votre feutre sur l'ensemble de la plante de vos pieds. Ressentez l'effet des vibrations de ces mots sur votre corps.

À présent, levez-vous et faites quelques pas en conscience. À chaque pied posé sur le sol, pensez : pied gauche « j'active la vitalité », pied droit « j'incarne la générosité » et continuez votre journée dans cet alignement retrouvé.

2^E CHAKRA

CHAKRA SACRÉ

SVADHISTHANA

Le chakra sacré est localisé au centre de notre bas-ventre, au niveau de nos organes génitaux. Il comprend la zone de notre sacrum, nos gonades (testicules pour les hommes et ovaires pour les femmes), nos reins et notre vessie.

Le symbole associé au chakra sacré est composé d'un cercle à six pétales contenant un croissant de lune.

Ce croissant de lune représente la connexion entre l'énergie de l'eau et celle de la Lune. Ces symboles soulignent l'étroite relation entre les phases de la Lune et les fluctuations de nos eaux internes.

Son élément est donc l'eau et son énergie est caractérisée par le flux et la flexibilité.

Le chakra sacré est associé au royaume de nos émotions, à l'intimité et à la créativité. Il est particulièrement actif dans la manière dont nous exprimons nos désirs sensuels et nos élans créatifs.

C'est la force qui nous encourage à jouir de la vie à travers tous nos sens : le goût, le toucher, la vue, l'ouïe, l'odorat.

Le chakra sacré nous permet de ressentir notre monde intérieur et notre environnement. Il nous parle aussi de nos relations avec les autres et de notre sentiment d'appartenance au groupe.

Fraîcheur

Affirmation :

« Je sais maîtriser mes désirs. »

Si vous avez tiré cette carte, c'est une invitation à remettre de la fraîcheur et de la légèreté dans votre vie intime.

Il est possible que vous ayez une libido très active en ce moment qui vous entraîne dans une spirale insatiable et épuisante, quitte à vous laisser consumer par votre désir. Il se peut aussi que vous ressentiez de la colère ou de la frustration, car vos besoins sexuels ne sont pas comblés comme vous le souhaiteriez.

Rappelez-vous que vous pouvez exprimer votre pleine puissance dans votre sexualité sans perdre votre intégrité et votre équilibre.

Un souffle de vie rafraîchissant pourrait vous être bénéfique pour apaiser vos ardeurs passionnées.

Respiration Sitali

Cette précieuse respiration va vous permettre de faire baisser la température de votre corps, d'assouplir votre colonne vertébrale et de réguler naturellement votre énergie sexuelle.

Musique suggérée

Ocean Waves, de Dan Gibson's Solitudes.

Mise en pratique

Asseyez-vous en posture facile, les jambes croisées, la colonne vertébrale bien droite et les mains en Gyan mudra (pouce et index ensemble).

Fermez les yeux et concentrez votre attention sur le point entre vos sourcils.

Si vous le pouvez, recourbez les côtés de votre langue en forme de U dans le sens de la longueur. Sinon, recourbez la langue dans le sens de la largeur.

Inspirez doucement et profondément par ce tube et expirez complètement par le nez.

Continuez ainsi pendant trois minutes.

Relâchez la posture et restez quelques instants immobile, les mains sur les genoux. Ressentez les effets régénérateurs et apaisants de la pratique.

Il se peut que pendant cette respiration vous ayez envie de vous gratter. Ne vous inquiétez pas, c'est votre corps qui œuvre naturellement pour reconnecter vos terminaisons nerveuses. Traversez simplement ce moment d'inconfort.

Si vous trouvez que votre langue a un goût amer au début de votre pratique, c'est le signe qu'une désintoxication est en cours. Au fil du temps, ce goût deviendra délicieusement sucré.

Joie de vivre

Affirmation :

« Je retrouve ma joie d'enfant. »

Si vous avez tiré cette carte, c'est pour vous inviter à retrouver l'innocence et la gaieté de l'enfant que vous avez été. Il se pourrait que vous traversiez un moment de déprime passagère ou une période exigeante dans votre travail qui vous demande beaucoup d'engagement.

Ces responsabilités et ce stress vous ont sûrement déconnecté(e) de l'importance de jouer et de s'autoriser les petits plaisirs de la vie. Depuis combien de temps n'avez-vous pas rigolé avec vos amis ou fait une activité qui vous fait du bien sans recherche d'objectif à atteindre ?

Posture du bébé heureux

Il est temps de vous offrir un temps de pause et d'amusement grâce à cette posture du bébé heureux.

Musique suggérée

Tchengo, de Loop Guru.

Mise en pratique

Allongez-vous sur le dos et tirez vos genoux vers votre poitrine, puis venez attraper l'extérieur de vos pieds ou vos gros orteils si vous le pouvez avec votre pouce, votre index et votre majeur.

Ouvrez vos genoux, amenez-les vers vos aisselles.

Venez masser votre sacrum en vous basculant doucement d'un côté et de l'autre.

Amusez-vous dans cette posture, imaginez-vous comme un petit enfant qui découvre toutes les possibilités de son corps et retrouvez la joie de l'exploration instinctive.

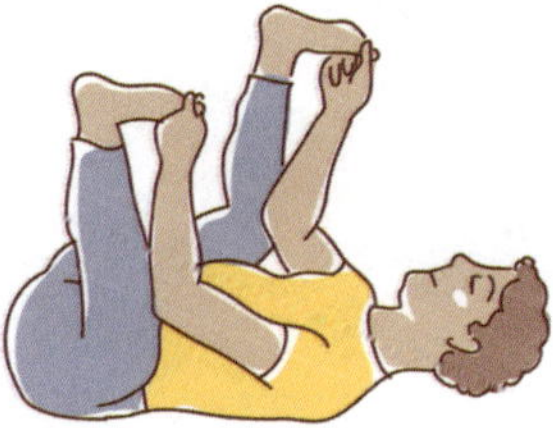

ÉMOTIONS

Affirmation :

« Je sais réguler mes émotions. »

Cette carte vient à vous pour vous aider à retrouver votre équilibre émotionnel. Il se pourrait que vous soyez inquiet(ète), triste ou perdu(e) et que vous ne sachiez pas comment traverser ces émotions intenses qui vous submergent.

Sur le plan interpersonnel, peut-être que vous êtes aux prises avec de la jalousie ou de la possessivité dans vos relations avec vos proches.

Cela vous rend dépendant(e) et vulnérable, ce qui n'est jamais agréable à ressentir. Souvenez-vous que vous n'avez pas besoin de manipuler votre entourage pour être aimé(e). Cessez de chercher la reconnaissance à l'extérieur et replacez-vous dans votre cercle de responsabilité.

Vous retrouverez ainsi votre autonomie émotionnelle, à l'image de ce cœur ouvert, sensible et rayonnant.

Méditation Sunia Antar

Pour rétablir votre équilibre émotionnel, il est important d'harmoniser votre rythme respiratoire et de favoriser la bonne circulation de l'élément eau dans votre corps, pour soulager vos reins.

Cette méditation va vous soutenir dans ce sens et aider votre système nerveux à s'apaiser.

Mise en pratique

Avant de pratiquer cette méditation, il est recommandé de boire un verre d'eau.

Asseyez-vous en posture facile, les jambes croisées, la colonne vertébrale bien droite.

Croisez les bras sur la poitrine en verrouillant vos mains, paumes ouvertes, sous vos aisselles.

Puis venez lever les épaules vers vos oreilles, rentrez votre menton et fermez les yeux.

Essayez de ralentir votre respiration au maximum, si possible à quatre respirations longues et profondes par minute.

Restez dans cette posture pendant trois minutes, inspirez et expirez longuement et profondément.

Pour terminer, prenez une grande inspiration, suspendez le souffle à poumons pleins, puis expirez et relâchez la posture. Ressentez la profonde relaxation procurée par cette méditation.

Sensualité

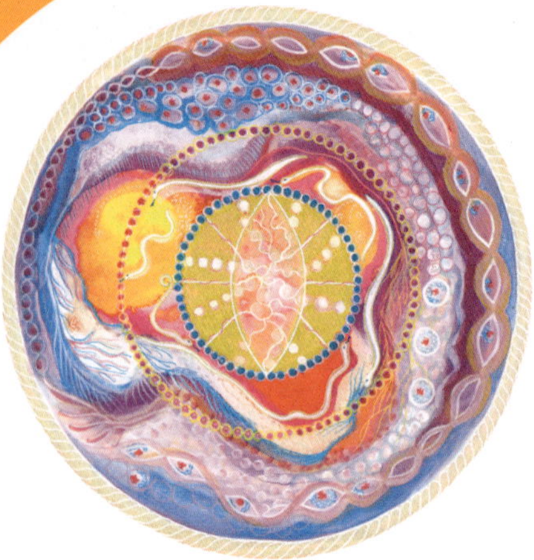

Affirmation :

« J'ose prendre du plaisir en toute innocence. »

Cette carte vient à vous dans votre tirage pour attirer votre attention sur la manière dont vous vivez l'intimité avec vous-même. Êtes-vous à l'aise avec votre propre sensualité ? Acceptez-vous de prendre du plaisir sans culpabilité ? Ressentez-vous l'énergie de vie circuler de manière fluide dans votre bassin ?

Cette partie de votre corps est comme un chaudron magique vous permettant d'alchimiser vos ombres et vos énergies stagnantes en le laissant se remettre en mouvement de manière naturelle et spontanée.

Osez descendre dans votre source et ressentir ce qu'elle a à vous dire : toutes les réponses que vous cherchez sont en vous.

Danse du chaudron

L'intention de cette danse est de vous autoriser à entrer en connexion avec la puissance créatrice de votre bassin.

Vous pouvez au préalable déposer une goutte d'huile essentielle d'orange douce ou de jasmin au creux de vos poignets, en reliance avec ce 2e chakra.

Musique suggérée

Eternal Dance, de Gabrielle Roth.

Mise en pratique

Installez-vous devant un miroir, si possible légèrement vêtu(e), ou dans des vêtements dans lesquels vous vous sentez désirable et désirant(e).

Commencez à bouger vos hanches et votre bassin en rythme avec la musique.

Observez-vous, ressentez-vous, soyez ouvert(e) à votre propre sensualité.

Est-ce agréable ou inconfortable ? Léger ou lourd ?

Rencontrez-vous des douleurs particulières ?

Progressivement, rapprochez vos mains de votre corps et posez-les sur la région de vos organes sexuels, ressentez la température, l'humidité dans cette zone intime de votre corps.

Puis fermez les yeux et laissez-vous aller. Peut-être y a-t-il une couleur qui apparaît ? Des images qui vous viennent ?

Si des émotions se présentent, souhaitez-leur la bienvenue, quelle qu'en soit la nature, et mettez-les en mouvement, laissez-les circuler dans votre corps.

Terminez cette danse en venant poser vos mains sur un endroit de votre corps qui vous appelle et remerciez-vous pour ce moment de connexion avec vos profondeurs.

Si vous avez reçu des messages pendant cette danse, je vous invite à les noter sur votre carnet de pratique. Vous pourrez ainsi y revenir et observer si le paysage intérieur de votre bassin évolue au fil de vos différentes danses.

SEXUALITÉ SACRÉE

Affirmation :

« Je sais honorer mon temple intérieur. »

Si cette carte vient à vous, c'est pour vous inviter à ramener du sacré dans votre sphère intime et votre vie sexuelle. Il est possible que vous ayez oublié l'aspect précieux, magique et guérisseur de votre énergie sexuelle et la manière de la sublimer.

Que vous soyez un homme ou une femme, vous portez certainement des blessures, des traumas ou des mémoires d'abus, énergétiques ou physiques à ce sujet. Cette énergie a si longtemps été brimée, réprimée, refoulée ou mal utilisée qu'il est important d'y remettre de la fluidité et de la réhabiliter avec respect et dévotion.

Rituel de la fontaine de Jouvence

Ce rituel est l'occasion de vous délester des empreintes transgénérationnelles, de votre histoire personnelle ou de vos croyances autour de la sexualité, engrammées dans votre bassin.

Il peut se pratiquer seul(e) ou à deux, si vous souhaitez demander à une personne de confiance d'être votre « verseur d'eau ».

Musique suggérée

Yemaya Assessu, de Deva Premal.

Matériel

- Deux verres (un vide et l'autre rempli à moitié d'eau) ;
- eau de rose ou de fleur d'oranger (facultatif).

Mise en pratique

Avec lenteur et précision, venez transvaser l'eau d'un verre à l'autre autour de votre bassin, votre « bas saint », en prenant soin de ne pas en renverser.

Pour cela, prenez votre temps, réalisez ces gestes en conscience, comme si vous étiez un prêtre ou une prêtresse en pleine cérémonie de baptême.

Prêtez attention au son vitalisant de l'eau qui coule et ressentez le processus de guérison en cours.

Visualisez tout votre bassin, votre ventre et vos organes sexuels lumineux et scintillants.

Vous pouvez remonter plus haut et œuvrer autour de votre cœur et faire ainsi des allers-retours pour le mettre en lien avec la zone de vos organes sexuels.

Lorsque vous avez fait plusieurs voyages et que vous sentez que le nettoyage est terminé, prenez un temps en silence et remerciez-vous pour la mise à jour qui vient de s'opérer dans votre corps.

Vous pouvez poser une main sur votre bassin et l'autre sur votre cœur et sentir la communication implicite entre ces deux espaces sacrés.

Rappelez-vous que personne ne peut pénétrer à l'intérieur du temple de votre corps, même énergétiquement, sans avoir eu votre pleine autorisation préalable.

3^E CHAKRA

CHAKRA DU PLEXUS SOLAIRE

MANIPURA

Le 3e chakra se situe entre la base du sternum et le nombril, au niveau du plexus solaire.

Le symbole de ce chakra est composé d'un cercle orné de dix pétales et d'un triangle pointant vers le bas. Chaque pétale représente l'un des dix tourments pouvant affecter le plexus solaire : la jalousie, la honte, la peur, l'ignorance, la trahison, la tristesse, la bêtise, l'envie, l'illusion et le dégoût.

Le triangle inversé représente l'élément feu et ses pouvoirs purificateurs : il a la capacité de transformer la matière en énergie qui peut ainsi être utilisée comme carburant pour avancer.

Le chakra du plexus solaire est dirigé par l'intellect et il est associé aux notions de volonté et de responsabilité. Il est en lien avec le soleil, la chaleur, l'énergie vitale et le pouvoir sous toutes ses formes.

C'est le centre de l'action juste, de notre pouvoir personnel. Il nous aide à dépasser l'inertie et à continuer à avancer quels que soient les obstacles sur le chemin.

Purification

Affirmation :

« J'active mon soleil intérieur. »

Cette carte dans votre tirage vient attirer votre attention sur votre capacité à maintenir un niveau d'énergie stable et constant. Dans l'idéal, votre chakra solaire devrait rayonner comme un bon feu de cheminée, harmonisant et chaleureux.

Peut-être que vous traversez une période dans laquelle vous assumez seul(e) trop de responsabilités, ce qui vous rend nerveux(se) ou hyperactif(ve).

Dans ce cas, il est probable qu'apprendre à collaborer davantage avec d'autres personnes pourrait vous faire grand bien. Osez-vous demander de l'aide lorsque vous vous sentez dépassé(e) ? Savez-vous déléguer ?

Respiration du feu

Cette respiration du feu, combinée à cette posture de bras et de main, est parfaite pour évacuer le stress et vous faire retrouver la conscience de votre soleil intérieur.

Elle s'appelle « ego éradicateur », car elle vient balayer les inquiétudes de la personnalité identifiée et égoïste. Ses bienfaits sont si nombreux qu'elle est un incontournable du Kundalini yoga.

Musique suggérée

Breath of Fire, de Sunni.ai.

Mise en pratique

En posture facile, asseyez-vous les jambes croisées, sur un support si besoin. Votre colonne est bien droite, votre menton légèrement rentré.

Levez les bras, tendus à 60° sur les côtés.

Vos pouces sont tendus et vos autres doigts sont repliés sur la partie charnue de vos paumes.

Inspirez par le nez, puis expirez puissamment par le nez en rentrant énergiquement votre nombril vers votre colonne vertébrale.

À l'inspiration votre nombril se relâche et votre ventre reprend sa place initiale. Idéalement, il n'y a pas d'interruption entre votre inspiration et votre expiration, le rythme est rapide et soutenu. Votre attention est placée sur votre expiration, l'inspiration se fait naturellement.

Si vous avez du mal à la mettre en place, commencez par mimer un chien haletant, la bouche ouverte, puis fermez la bouche et prenez le relais de la respiration avec vos narines.

Continuez ainsi pendant trois minutes.

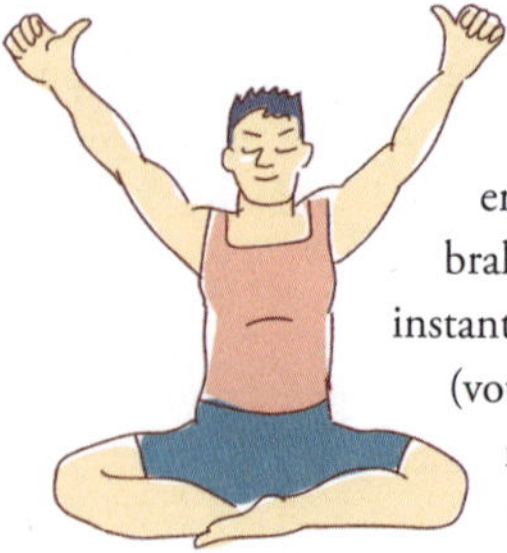

Pour terminer, inspirez profondément par le nez, venez joindre les pouces ensemble en étirant votre colonne vertébrale. Retenez le souffle quelques instants en contractant mulabandha (votre anus, votre périnée et votre nombril) et relâchez lentement vos bras en halo autour de votre aura tout en expirant.

Restez là quelques instants pour ressentir les effets de ce pranayama stimulant et régénérant.

➲ **Important :** si vous êtes enceinte ou dans les premiers jours de votre cycle menstruel, pratiquez à la place une respiration longue et profonde avec la posture de bras décrite plus haut.

Direction

Affirmation :

« Je sais où je vais. »

Si vous avez tiré cette carte, c'est pour vous parler d'engagement et de persévérance.

Peut-être qu'en ce moment vous avez du mal à vous mettre en action, que vous avez une tendance à la procrastination ou que l'on vous reproche une certaine inconsistance.

Il se pourrait aussi que vous soyez en proie au doute et que vous ayez perdu la motivation pour mener un projet à terme. Soyez honnête avec vous-même : avez-vous l'habitude d'abandonner facilement lorsqu'un obstacle vient à surgir ? Changez-vous souvent d'avis ?

Reconnectez-vous au pourquoi vous aviez démarré ces projets, souvenez-vous de la beauté de l'engagement et des cadeaux récoltés à la mesure de celui-ci.

Posture « de tension »

Cette posture est parfaite pour travailler dans cette intention. Elle va venir renforcer le centre de votre nombril et vous aider à garder le cap sur vos objectifs quoi qu'il arrive.

Musique suggérée

Strength from Within, de Sol Rising.

Mise en pratique

Allongez-vous sur le dos, appuyez au maximum votre sacrum sur le sol pour réduire votre cambrure lombaire.

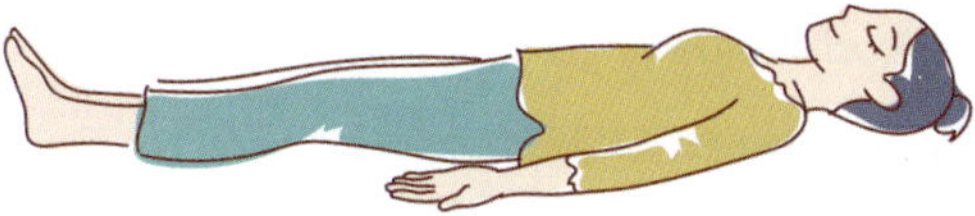

Levez vos pieds joints à 15 centimètres du sol ainsi que votre tête et vos épaules, également à environ 15 centimètres du sol.

Vos bras sont tendus vers l'avant, pointés vers vos orteils. Gardez les yeux ouverts, votre regard dirigé vers le bout de vos pieds.

Essayez de ne pas cambrer le dos. S'il se cambre, pliez les genoux jusqu'à ce que votre sacrum touche à nouveau le sol et tendez vos jambes autant que vous le pouvez.

Restez au moins trente secondes dans cette posture.

Relâchez, faites une petite pause, puis reprenez encore deux cycles de trente secondes.

Pour terminer, inspirez, puis expirez à fond et contractez mulabandha (fermeture de votre anus, de votre périnée et de votre nombril). Inspirez à nouveau et relaxez-vous quelques instants.

Ressentez la chaleur et cette nouvelle énergie qui circule au niveau de votre nombril, sentez-vous invincible !

Abondance

Affirmation :

« L'abondance est mon droit de naissance. »

Cette carte vient vous questionner sur votre rapport à l'abondance. Avez-vous l'impression de manquer, de ne pas être suffisant(e), de devoir faire toujours plus ?

Rappelez-vous que l'abondance est partout, elle est ce flot d'énergie inépuisable à partir duquel les graines deviennent des fruits, les bourgeons fleurissent, la nature s'épanouit. Souvenez-vous que cette merveilleuse énergie de vie transmise par le Soleil et la Terre-Mère, vous la portez aussi en vous.

Reconnaissez que VOUS ÊTES cette abondance naturelle. L'Univers, dans sa perpétuelle expansion, cherche à vous combler. Il attend simplement que vous rétablissiez à l'intérieur de vous cette fréquence de l'abondance.

Alors ancrez-vous dans la certitude que vous êtes déjà « assez » tel(le) que vous êtes aujourd'hui et que le monde a besoin de votre lumière.

Vous pouvez créer tout cè que vous souhaitez à partir du moment où vous vous l'autorisez.

Méditation de prospérité

Cette méditation joyeuse et solaire est incomparable pour renforcer la conscience de votre richesse intérieure et activer votre force magnétique et créative.

Musique suggérée

Har Haray Haree, de Dayal Nishan Kaur.

Mantra

Har Haray Haree Wahe Guru

Tout le processus de création est contenu dans ce mantra : *Har* est la graine, *Haray* la germination et *Haree* l'accomplissement.

Mise en pratique

Asseyez-vous le dos bien droit, le menton légèrement rentré. Pliez vos coudes à 90°, vos paumes tournées vers le ciel, et placez vos doigts en Gyan mudra (le bout de vos pouces et de vos index en contact, les autres doigts collés ensemble dans le prolongement de vos avant-bras).

Chantez le mantra en prenant soin d'aspirer le H puissamment et de rentrer votre nombril vers votre colonne vertébrale à chaque fois que vous prononcerez *Har*, *Haray* et *Haree,* et relâchez le ventre sur *Wahe Guru.*

Ici, la version de la musique proposée dure quatre minutes, mais vous pouvez chanter ce mantra pendant onze minutes ou plus, selon le temps dont vous disposez.

L'abondance est avant tout un état d'être, alors, quand vous chantez, ressentez comme elle est déjà là.

Par ce chant, plantez les graines d'amour et de prospérité que vous souhaitez voir germer, elles vont magnétiser tout ce qui est en accord avec cette vibration !

Souveraineté

Affirmation :

« J'avance en suivant ma propre guidance. »

Cette carte vient à vous pour vous interroger sur la notion de responsabilité et de souveraineté.

Il se peut que vous ayez remis votre pouvoir personnel dans les mains de quelqu'un d'autre et que vous vous sentiez passif(ve) et démuni(e) dans une situation de votre vie.

Ou, à l'inverse, peut-être êtes-vous dans une forme de toute-puissance vous rendant suffisant(e) et méprisant(e) avec le reste du monde.

Vous avez le droit d'affirmer vos croyances et votre unicité dans ce monde tout en vous rappelant que votre vision de la vie vous appartient, alors restez ouvert(e) aux multiples réalités partagées par vos frères et sœurs humains.

Danse d'affirmation de votre territoire

Vous sentez-vous victime des circonstances de la vie ? Êtes-vous facilement influençable ? Attendez-vous l'approbation de votre entourage pour vous valider ? Inspirez-vous les autres à incarner leur plus haut potentiel ? Vous sentez-vous l'âme d'un leader ?

Notez ces questions dans votre carnet de pratique et laissez infuser, nous allons les mettre en mouvement dans cette danse. Vous pouvez venir déposer une goutte d'huile essentielle de laurier noble ou de vétiver au creux de votre poignet ou sur votre plexus solaire pour vous mettre en condition.

Musiques suggérées

Conquest of Paradise, de Vangelis, puis *Tantric Tiger*, de Red Fulka, et terminez par *Millennium Theme*, de Hans Zimmer.

Mise en pratique

Tout d'abord, installez-vous dans un endroit où vous vous sentez bien, en sécurité. Ressentez la place que vous occupez dans l'espace où vous vous trouvez.

Commencez à mouvoir votre corps au rythme de la musique et visualisez une lumière puissante et chaleureuse émanant de votre plexus solaire.

Dégagez vos épaules vers l'arrière et déployez-vous dans votre grandeur. Imaginez que vous portez une couronne : comment est votre port de tête ?

Vous allez à présent délimiter clairement votre territoire avec vos mains tout en continuant à danser, vos mouvements sont précis et tranchants.

Puis pensez à tout ce que vous ne souhaitez pas laisser entrer dans votre royaume, ce à quoi vous dites clairement « non ».

Entraînez-vous à exprimer votre positionnement par votre voix, mais aussi par le langage sensible de votre corps.

Vous pouvez penser à la déesse Kali, tirant la langue dans une posture de guerrière avec un regard féroce.

Elle n'a pas peur de sa puissance, elle l'utilise pour défendre sa vérité.

À présent que vous avez ressenti le pouvoir du non, vous pouvez passer au oui ! Ressentez la puissance orgasmique de ce grand oui, offrez-le sans réserve à la vie !

Une fois que vous avez exploré le oui et le non, que vous avez compris que vous pouviez être puissant(e) sans être violent(e) et que c'est vous qui fixez les règles de votre royaume, c'est aussi à vous d'être le (la) garant(e) de son bon fonctionnement et responsable de sa lumière.

Vous pouvez maintenant rayonner sans crainte.

Laissez la flamme dansante de votre cœur irradier sa vibration unique et accordez-vous ce moment de reconnexion avec votre juste puissance.

Osez occuper cette place qui est la vôtre en toute confiance, soyez simplement fier(ère) de qui vous êtes.

Pour terminer, prenez un temps en silence pour répondre aux questions posées au préalable en toute honnêteté.

Estime de soi

Affirmation :

« Je reconnais ma valeur. »

Cette carte vient vous titiller à propos de la valeur que vous vous accordez. Vous êtes certainement très sensible au regard des autres ou sujet(te) à la comparaison. Peut-être aussi traversez-vous un sentiment d'illégitimité dans un domaine de votre vie ou vous reprochez-vous continuellement de ne pas être parfait(e).

Il est également possible que vous vous épuisiez à jouer des rôles pour chercher à plaire et à contrôler votre entourage, comme un mendiant de l'amour.

Ces stratégies ne servent personne, rappelez-vous que vous êtes l'amour que vous attendez et que la reconnaissance que vous cherchez doit venir d'abord de vous-même.

Rituel du feu de joie

Ce rituel va vous permettre de transmuter tous ces manques d'estime de vous grâce à la puissance de transformation de l'élément du feu.

𝄞 Musique suggérée

Jai Mata Kali, de Samanvaya Kirtan.

Matériel

- Une feuille de papier et de quoi écrire ;
- un briquet ou des allumettes ;
- un petit chaudron ou récipient pouvant accueillir le feu en toute sécurité.

Mise en pratique

Fermez les yeux et laissez remonter toutes les fois où vous vous êtes senti(e) rejeté(e), humilié(e), sans valeur…

Écrivez sur votre feuille toutes ces expériences où vous avez éprouvé un sentiment de honte, de culpabilité, d'être indigne d'amour.

Une fois que vous avez fait le tour de ce qui a pu émerger, dites à haute voix avec conviction :

« Je relâche maintenant toutes les croyances conscientes ou inconscientes que je ne mérite pas.

Je relâche dès maintenant toutes les croyances conscientes ou inconscientes que je dois être puni(e) d'être qui je suis.

Je relâche maintenant toutes les croyances conscientes ou inconscientes que je dois être parfait(e) pour être aimé(e). »

Déposez maintenant votre papier en offrande à l'esprit du feu en le brûlant, et ressentez que toutes ces croyances se dissolvent sous l'effet de la combustion.

Regardez le papier se consumer et considérez que ces histoires ne font déjà plus partie de votre réalité.

Pour terminer ce rituel, remerciez la présence soutenante de la divine Kali.

Prenez une grande inspiration, venez poser vos mains sur votre plexus et affirmez avec confiance :

« Je suis un cadeau de la vie.

Je m'aime et je m'accepte tel(e) que je suis.

Je m'autorise enfin à recevoir le meilleur pour moi. »

Offrez-vous un grand câlin à « vous m'aime » et ouvrez-vous à votre vraie nature !

4^E^ CHAKRA

CHAKRA DU CŒUR

ANAHATA

Le chakra du cœur est situé dans la zone de la poitrine, au niveau de l'organe du cœur. Il est lié à l'élément de l'air et le plus souvent représenté de couleur verte ou rose.

Son symbole est composé d'un cercle à 12 pétales contenant deux triangles entrelacés, l'un pointant vers le haut, l'autre vers le bas, formant ainsi une étoile à six branches appelée aussi « sceau de Salomon ».

Une des fonctions du chakra du cœur est de faire le lien entre les chakras du triangle inférieur (du 1er au 3e) et ceux du triangle supérieur (du 5e au 8e).

Il agit comme un agent d'intégration des énergies denses de la matière et celles plus subtiles venant du Ciel. Dans le cœur, tout est accueilli. C'est l'espace où nos aspirations terrestres et spirituelles peuvent se rencontrer dans l'harmonie.

Ce chakra nous parle principalement de notre capacité empathique et pacifique avec ceux qui nous entourent, de l'amour que l'on sait se donner à soi et recevoir des autres.

ÉQUILIBRE

Affirmation :

« Je fais circuler le flux naturel du donner et du recevoir. »

Si cette carte apparaît dans votre tirage, il est possible que l'équilibre entre les notions de donner et de recevoir ne soit pas harmonieux en ce moment dans votre vie.

Ces deux polarités sont indissociables, tout comme l'inspiration et l'expiration. Si l'une prend une place démesurée ou trop effacée, alors c'est tout le cycle qui en est affecté.

Peut-être que vous êtes exagérément tourné(e) vers les besoins des autres, que vous recherchez à rendre service à tout prix pour maintenir le lien ?

Ou, à l'inverse, il se pourrait que vous vous reteniez de partager votre énergie de peur d'être envahi(e), et vous préférez ne rien recevoir pour ne pas avoir à redonner.

Respiration alternée : Nadi Shodhana

Cette respiration va d'abord vous permettre d'apaiser toutes ces pensées parasites de votre système nerveux en limitant le flux d'air entrant et sortant de vos narines.

Elle va également venir harmoniser vos polarités féminine et masculine en équilibrant l'énergie qui circule dans chacun des canaux Ida et Pingala.

Musique suggérée

Balance, de Liquid Mind.

Mise en pratique

Asseyez-vous en posture facile sur le sol, les jambes croisées, la colonne droite et le menton légèrement rentré. Votre main gauche est déposée sur votre genou gauche en Gyan mudra (votre pouce et votre index se touchent).

Fermez les yeux et concentrez-vous sur le point entre vos sourcils.

Vous allez respirer par chacune de vos narines, de façon alternée, comme ceci :

- Inspirez par votre narine gauche sur quatre temps en bloquant l'air dans votre narine droite avec votre index.
- Retenez votre souffle, poumons pleins, sur quatre temps.
- Puis bloquez la narine gauche avec votre index et expirez par la narine droite sur quatre temps.
- Inspirez à nouveau par la narine droite sur quatre temps, retenez votre souffle poumons pleins et expirez

par votre narine gauche en bloquant votre narine droite avec votre index.

Continuez ainsi pendant trois minutes. Pour compter les quatre temps vous pouvez réciter *Sa Ta Na Ma* dans votre tête.

Quand vous aurez terminé le cycle, relâchez les mains sur les genoux et appréciez les bienfaits harmonisants de cette respiration.

Ouverture

Affirmation :

« Je m'ouvre à la beauté de la vie. »

Cette carte dans votre tirage vient vous questionner sur la manière dont vous entrez en contact avec votre environnement et la vie en général.

Vous sentez-vous heureux(se) ? Êtes-vous en gratitude pour ce que la vie vous offre en ce moment ? Laissez-vous la vie vous pénétrer pleinement ? Voyez-vous sa beauté et sa générosité ?

Il est possible que vous ayez perdu cet émerveillement que vous aviez lorsque vous étiez enfant et que vous exploriez le monde dans un état d'ouverture totale.

Il est temps de vous reconnecter à l'espace de votre cœur pour vivre une vie plus profonde et épanouissante.

Posture d'ouverture du cœur

Cette posture va venir stimuler la zone de votre cœur pour le renforcer et vous permettre de ressentir la beauté de sa vibration.

Musique suggérée

Bountiful, Blissful, Beautiful, de Bachan Kaur.

Mise en pratique

Ouvrez vos bras, parallèles au sol, comme si vous vouliez faire un câlin à quelqu'un. Tendez tous vos doigts à la verticale et restez là en respirant profondément quelques instants.

Prenez une grande inspiration et venez replier vos doigts pour former deux poings serrés.

Puis ramenez vos poings toujours serrés lentement et progressivement vers le centre de votre poitrine, comme si vous tiriez un poids très lourd qui voudrait vous résister.

Lorsque vos poings touchent votre poitrine, expirez puissamment par la bouche.

Répétez ce mouvement trois fois.

Puis revenez en position initiale les bras écartés et les doigts étirés et respirez longuement et profondément pendant une minute.

Ramenez ensuite lentement vos mains devant votre poitrine, écartées d'environ 10 centimètres l'une de l'autre, les paumes se faisant face et les doigts dirigés vers le haut. Concentrez-vous sur l'espace entre vos paumes et ressentez l'énergie circuler entre vos mains.

Restez là pendant une minute en respirant profondément.

Ressentez de la gratitude pour votre cœur qui bat de manière autonome et régulière.

Puis venez poser vos mains sur votre poitrine, votre main droite sur votre main gauche, et inclinez-vous vers l'avant en révérence pour cet espace d'amour infini en vous.

Paix

Affirmation :

« J'ai le droit de me reposer dans le silence de mon cœur. »

Cette carte vient à vous dans votre tirage pour vous rappeler le sublime silence émanant de votre cœur lorsqu'il est tranquille et en paix.

Il est possible que les ruminations de votre mental ou les agitations extérieures vous empêchent temporairement d'accéder à ce calme guérissant dont vous auriez pourtant besoin. Pour débrancher les pensées de votre mental agité, la proposition est de faire descendre toute l'énergie de votre tête à votre cœur qui sait et de le laisser éteindre les petites voix indésirables qui troublent votre paix intérieure.

Méditation du repos dans le cœur

Cette méditation est magique pour vous aider à retrouver rapidement la connexion avec la sagesse de votre cœur.

Musique suggérée

Praise, d'Erin Jacobsen.

Mise en pratique

Asseyez-vous en posture facile, la colonne droite et le menton légèrement rentré. Vos yeux sont fermés, votre regard concentré sur le point entre vos sourcils.

Votre ventre est détendu et votre respiration est fluide. Observez votre souffle gonfler votre ventre et monter jusque dans votre poitrine, votre gorge, jusqu'au sommet de votre crâne.

Puis sentez votre souffle redescendre dans votre gorge, dans votre poitrine, et votre ventre se vider en dernier.

Prenez tout votre temps.

Placez votre main gauche sur votre cœur, au centre de votre poitrine. Votre paume est à plat et vos doigts sont rassemblés, pointant vers la droite.

Levez votre main droite à la hauteur de votre visage, votre paume vers l'avant, et venez toucher la pointe de votre index avec le bout de votre pouce en Gyan mudra. Vos trois autres doigts sont bien tendus vers le haut. Votre coude est détendu et votre avant-bras perpendiculaire au sol.

Concentrez-vous sur le mouvement de votre respiration. Inspirez lentement et profondément par les deux narines. Continuez ainsi pendant sept minutes environ.

Puis inspirez à fond et retenez votre souffle quelques instants en gonflant la poitrine. Expirez en douceur, progressivement et complètement.

Retenez à nouveau le souffle quelques instants à poumons vides. Ne forcez pas. Relâchez lentement la posture et prenez un temps d'intégration en silence.

Communauté

Affirmation :

« Je cultive des relations profondes et authentiques. »

Si vous avez tiré cette carte, c'est une invitation à vous questionner sur votre vision de l'amour dans vos relations interpersonnelles.

L'amour est l'élément essentiel dans toute relation pour construire des liens véritables et authentiques. Mais cet amour n'est pas seulement l'amour romantique, c'est aussi le fait de s'aventurer au-delà des limites de l'ego et des préoccupations de la personnalité pour se rapprocher le plus possible de la réelle compassion et l'acceptation de l'autre dans tout ce qui le compose.

Il est possible que vous traversiez une période où vous vous sentiez isolé(e), incompris(e) ou séparé(e) du reste du monde. Peut-être que vous avez encore des armures qui empêchent votre cœur de danser en toute liberté dans vos liens avec les autres.

Êtes-vous capable de maintenir des amitiés sur le long terme ? Avez-vous l'impression de faire partie d'une communauté d'humains unie et aimante ?

Recherchez-vous votre « famille d'âme » ?

Laissez ces questions infuser en vous, certaines pistes émergeront peut-être pendant votre danse.

Danse de l'amour

L'intention de cette danse est d'amener de la gratitude dans votre cœur et de célébrer la beauté de toutes les personnes présentes dans votre vie.

𝄞 Musiques suggérées

Illumina, de Bachan Kaur, puis *Thank You for the People*, de Riverbear Medicine, et pour terminer *Vuela con el viento*, d'Ayla Schafer.

Mise en pratique

Pour commencer cette danse, vous pouvez venir déposer une goutte d'huile essentielle de géranium rosat dans le creux de vos poignets.

Puis, avec une grande douceur, venez ouvrir votre poitrine et toute la zone de votre cœur en faisant des rotations lentes avec vos épaules vers l'arrière.

Imaginez une rose qui éclôt dans votre cœur, son parfum délicat et sa beauté viennent vous embaumer de manière à la fois subtile et enivrante.

À chaque inspiration, imaginez qu'elle s'ouvre davantage, pétale après pétale, et qu'elle vous remplit de l'amour inconditionnel de la Source.

Accompagnez le rythme de votre mouvement avec une respiration longue et profonde.

Amplifiez votre respiration pour qu'elle descende jusque dans votre cage thoracique et imaginez que vos poumons viennent bercer votre chakra du cœur avec une infinie tendresse. Ressentez ce profond soutien à chaque respiration.

Puis pensez aux relations qui comptent pour vous dans votre vie. Imaginez pour chaque personne un fil doré qui part de votre cœur et vous relie à elle.

Quelle est cette énergie qui se dégage de ce fil ? Est-ce seulement de l'amour ? Peut-être ressentez-vous aussi de la peur, de la retenue ou des projections ?

Demandez à l'esprit du vent de vous aider en venant apporter son souffle d'amour guérisseur sur ces liens.

C'est le moment de balayer tout ce qui empêche votre cœur de s'abandonner à encore plus d'amour et d'ouverture dans vos relations avec vos proches.

À présent, ouvrez les bras, laissez vos mains devenir souples et légères comme les ailes d'un oiseau. Sentez le vent qui souffle autour de vous et qui vous porte avec amour et bienveillance.

Ouvrez-vous à la joie d'être vivant(e) !

Pour terminer, vous pouvez clore cette danse en proclamant avec gratitude : « Je remercie mon âme de me mener à rejoindre ma tribu de cœur. » Ou, si vous l'avez déjà trouvée : « Je suis en gratitude d'être entouré(e) de ces belles âmes qui cheminent à mes côtés ! »

RÉCONCILIATION

Affirmation :

« J'harmonise mes polarités. »

Cette carte vient à vous dans votre tirage pour vous questionner sur la relation entre vos polarités intérieures. Ressentez-vous un excès de yang qui vous pousse à toujours plus d'action, de performance, de contrôle ? Ou bien est-ce votre polarité yin qui prend toute la place, vous maintenant dans une réceptivité passive, une inertie pleine de frustration ?

Les deux triangles de ce mandala symbolisent l'union des principes masculin et féminin, l'esprit et la matière. L'étoile qu'ils forment ensemble évoquer l'association harmonieuse de ces forces, la connexion puissante qui s'opère lorsqu'ils sont réunis.

Ensemble, vos deux polarités peuvent créer des miracles, mais il est probable que votre masculin et votre féminin intérieurs portent encore des peurs et des blessures non exprimées qui rendent cette alliance précaire et vous empêchent d'avancer sereinement dans votre vie.

Rituel de retrouvailles de votre couple intérieur

L'intention de ce rituel est de faire un pas de plus vers la guérison mutuelle de vos polarités pour grandir davantage en amour et en conscience. Il est temps de dire « oui » aux retrouvailles de votre couple intérieur !

Musique suggérée

Slow World, de Liquid Mind.

Matériel

- Deux coussins ;
- votre carnet de pratique pour éventuellement prendre des notes.

Mise en pratique

Placez deux coussins l'un en face de l'autre.

Celui à votre droite va représenter votre masculin intérieur et celui de gauche votre féminin intérieur.

Quand vous vous assiérez sur le coussin de gauche, vous incarnerez cette part du féminin en vous.

C'est elle qui prendra la parole la première pendant que votre masculin l'écoutera respectueusement.

Installez-vous, fermez les yeux et prenez quelques instants pour laisser venir à vous l'énergie de votre féminin.

Imaginez qu'elle parle à travers vous, vous pouvez dire ses mots à voix haute ou les murmurer, selon ce qui est le plus naturel pour vous.

Laissez-la exprimer librement à votre masculin ce qu'elle ressent dans son intimité, ce dont elle a besoin, ce qu'elle aimerait qu'il sache sur elle, ce qu'elle aimerait recevoir de lui…

Ne réfléchissez pas, laissez aller la parole comme elle vient, ne censurez rien.

Quand vous sentez que votre féminin a terminé de s'exprimer, prenez une profonde inspiration et remerciez le masculin pour son attention.

De votre place de témoin, prenez acte de ce qu'a exprimé votre féminin ou notez-le sur votre carnet de pratique.

C'est ensuite au tour de votre masculin de s'installer sur le coussin de droite et de se confier à votre féminin. Observez d'abord son énergie, sa posture, après avoir écouté votre féminin.

Autorisez-le à réagir à ce qu'il vient d'entendre, sans le brider. Laissez-le formuler à son tour ce qu'il ressent, ce dont il a besoin profondément et ce qu'il aimerait recevoir de la part de votre féminin.

Laissez-le se dévoiler, lui aussi a le droit de s'exprimer avec vulnérabilité et authenticité. Lorsque vous sentez que votre masculin a dit tout ce qu'il avait sur le cœur, remerciez-le et revenez à votre place de témoin.

Reconnaissez les blessures vécues de part et d'autre, l'élan partagé de s'ouvrir au pardon et la compassion qui circule au sein de votre couple intérieur.

Pour clore cette rencontre entre vos deux polarités, je vous propose de vous installer au centre, entre les deux coussins.

Déclarez à voix haute :

Au nom de ma présence « JE SUIS », je déclare aujourd'hui que mon masculin (ouvrez le bras droit) et mon féminin (ouvrez le bras gauche) s'unissent dans ce point précis d'équilibre du temps.

Laissez à présent s'approcher vos mains, sentez comme elles s'attirent magnétiquement, et tout doucement laissez les bouts de vos doigts se rejoindre.

Laissez-les se connecter tendrement jusqu'à sentir qu'ils ne font plus qu'un.

Enfin, joignez vos paumes ensemble pour former le mudra de la prière.

Restez un temps en recueillement et en gratitude pour ce moment de retrouvailles.

5e CHAKRA

CHAKRA DE LA GORGE

VISHUDDHA

Le 5e chakra est situé au niveau du cou et de la gorge et il est associé à la couleur bleue et à l'élément de l'éther, le champ subtil des vibrations autour de nous.

Son symbole est composé d'un cercle à 16 pétales contenant un triangle pointant vers le bas dans lequel s'inscrit un autre cercle.

Le chakra de la gorge concerne notre capacité à exprimer notre vérité, à communiquer de manière authentique et à partager notre créativité. Il est en lien avec le chakra sacré, le centre de nos émotions.

De par son emplacement juste avant le chakra du troisième œil, il nous prépare à nous aligner avec notre vision et à relâcher la pression affectant le chakra du cœur situé juste en dessous. Ainsi, il nous permet de nous connecter aux plans subtils de manière juste et intuitive.

Expression

Affirmation :

« J'ose partager ma voix. »

Cette carte dans votre tirage vient attirer votre attention sur vos limitations dans votre expression orale. Osez-vous partager votre voix avec confiance et naturel ? Aimez-vous le son qu'elle produit lorsque vous parlez, lorsque vous chantez ?

Il est possible que vous manquiez de fluidité pour communiquer de manière claire et efficace. Que votre esprit se brouille et que votre voix se rétrécisse lorsqu'il s'agit de prendre la parole en public.

Respiration du lion

Cette respiration dynamique va vous aider à libérer votre chakra de la gorge et va également stimuler votre thyroïde.

Mise en pratique

Asseyez-vous en posture facile, les jambes croisées. Vos mains en Gyan mudra (le bout de votre index et celui de votre pouce se joignent).

Vous pouvez garder les yeux ouverts pour cette respiration.

Ouvrez votre bouche et tirez la langue le plus possible. Respirez profondément et complètement par la bouche.

Sentez l'air qui entre et qui sort au niveau de la racine de votre langue. Laissez cette respiration purifier votre gorge.

Continuez ainsi pendant trois minutes.

Humilité

Affirmation :

« Je mets ma parole au service du bien commun. »

Si vous avez tiré cette carte, c'est une invitation à vous questionner sur la notion d'humilité.

Le mot « humilité » vient d'*humus*, la « terre », « ce qui est au sol ». Faire preuve d'humilité, c'est faire preuve d'humanité et se remettre au même niveau que tout ce qui vit, ni au-dessus ni en dessous.

Acceptez-vous les compliments avec simplicité ? Comment accueillez-vous les critiques ? Lorsque vous êtes en groupe, vous harmonisez-vous facilement avec les autres ? Savez-vous écouter la vérité de l'autre même si elle est différente de la vôtre ? Parlez-vous pour contribuer ou pour avoir raison ?

Lorsqu'il a perdu sa mue, le serpent traverse toujours une phase de grande vulnérabilité qui l'oblige à l'humilité. En venant stimuler la huitième vertèbre de votre colonne, cette posture active votre énergie de la Kundalini, votre potentiel de transformation infini.

Posture du Cobra

Cette posture de retour à la terre mobilisant la nuque va améliorer votre respiration thoracique, soulager votre colonne vertébrale et tonifier votre thyroïde dans l'intention de remettre de la conscience dans votre communication.

Mise en pratique

Commencez par quelques rotations de la tête pour vous échauffer.

Puis allongez-vous sur le ventre, les mains sous les épaules, à plat au sol. Inspirez et poussez sur vos bras pour relever votre poitrine, laissez la tête suivre en gardant votre pubis bien plaqué sur le sol.

Si cette cambrure est trop exigeante pour vous, prenez l'alternative de la posture du Sphinx : gardez les coudes sur le sol et basculez simplement la tête en arrière.

Votre regard est concentré sur le point entre vos sourcils et votre respiration est longue et profonde.

Restez dans la posture pendant deux minutes, puis relâchez et restez sur ventre quelques instants pour intégrer les effets de celle-ci.

Créativité

Affirmation :

« La source de ma créativité est illimitée. »

Si vous avez tiré cette carte, c'est une invitation à vous interroger sur votre faculté à vous connecter à la source de toute vie pour nourrir votre créativité. Considérez-vous que vos idées et vos inspirations créatives viennent de votre identité limitée ?

Par ailleurs, avez-vous conscience que les mots que vous prononcez créent votre réalité et les mettez-vous en alignement avec le plus grand bien ?

C'est à partir du Verbe que Dieu a créé le monde. « En ouvrant la bouche, vous cassez la coquille de l'œuf cosmique, vous libérez les fulgurances sonores du big-bang* », nous dit Philippe Barraqué.

Méditation d'ouverture du lotus de la gorge

Cette méditation va venir éveiller votre engagement envers le Verbe créateur et stimuler le chakra de votre gorge par la vibration de ce mantra.

---

* Philippe Barraqué, *Le Tarot de la voix*, Guy Trédaniel, 2018, p. 12.

𝄞 Musique suggérée

Humee Hum, de Nirinjan Kaur.

Mantra

Humee Hum Brahm Hum

Ce mantra ancre votre identité dans sa dimension mise en pratique.

Asseyez-vous en posture facile, la colonne droite, et rentrez bien votre menton vers la base de votre cou.

Vos mains sont en Gyan mudra (votre pouce et votre index joints) et vos paumes sont dirigées vers le haut.

Concentrez votre regard sur le point entre vos sourcils.

Chantez le mantra depuis la racine de votre langue, maintenez bien la fermeture de votre cou.

Continuez pendant au moins onze minutes.

VIBRATION

Affirmation :

« Je ne suis que vibration. »

Si cette carte vient à votre rencontre, c'est pour vous rappeler à quel point tout est vibration dans l'Univers, de l'infiniment petit à l'infiniment grand.

Êtes-vous attentif(ve) aux vibrations que vous envoie votre environnement et à la manière dont votre corps les perçoit ? Savez-vous décoder le langage non verbal de vos interlocuteurs ?

Il se pourrait qu'en ce moment vous soyez moins à l'écoute des messages subtils et signaux d'alerte envoyés par votre corps.

Danse de vibration de votre unicité

Cette danse de reconnexion avec le langage subtil de votre corps vous propose une exploration en communion avec l'élément de l'éther.

Musiques suggérées

So Ham Shivoham, de Terry Oldfield, puis *Watermark*, d'Enya.

Mise en pratique

Commencez par faire des rotations lentes avec votre cou, dans un sens, puis dans l'autre. Vous pouvez vous masser la nuque et les épaules avec douceur.

À présent, laissez votre chakra de la gorge s'exprimer : avec des bourdonnements, des murmures ou au rythme de la musique avec le mantra *So Ham Shivoham*, si vous en avez envie.

Ressentez le pouvoir du son venant faire vibrer tout votre squelette.

Laissez votre corps se mouvoir au rythme de la musique, et laissez-le vous raconter son histoire.

Observez-le, émerveillé(e) de cette rencontre, comme si vous le découvriez pour la première fois.

Ressentez l'espace autour de vous, le mouvement de vos corps subtils en expansion, leurs pulsations…

Gardez les yeux fermés pour vous permettre de voyager au-delà de la pièce dans laquelle vous vous trouvez.

Autorisez-vous à aller à la rencontre de présences invisibles pour vos yeux, mais pourtant bien perceptibles avec vos capteurs sensoriels subtils.

Au fil de votre danse avec l'éther, sentez-vous de plus en plus léger(ère) et libre, comme si votre enveloppe physique s'était dissoute et que vos cellules se fondaient dans votre environnement.

Dansez en harmonie avec tout l'univers et autorisez-vous à rayonner votre vibration unique !

Pour terminer cette danse, prenez une grande inspiration et expirez en venant vous déposer sur le sol en gratitude pour ce voyage à la rencontre de vos perceptions subtiles.

VÉRITÉ

Affirmation :

« Je partage ma vérité avec authenticité. »

Si cette carte vient à votre rencontre, c'est pour vous interroger sur votre manière de communiquer. Est-elle au plus proche de votre vérité ?

Savez-vous identifier à partir de quel espace vous vous exprimez la plupart du temps ? Vous arrive-t-il de parler simplement pour remplir l'espace ?

Peut-être qu'il y a encore certaines choses que vous n'osez pas exprimer aux autres et à vous-même de peur de ne pas être accueilli(e).

Rituel de reconnexion à votre voix authentique

Ce rituel va vous permettre d'aller rencontrer les peurs ou croyances qui se cachent derrière ce manque d'authenticité et de vous reconnecter à votre vérité profonde.

Matériel

- Une plume ou un tissu doux et léger.

Mise en pratique

Fermez les yeux et commencez à caresser votre gorge avec la plume ou le tissu pour venir éveiller cette partie sensible de votre corps.

Accueillez les soupirs ou les bâillements s'ils se présentent.

Une fois détendu(e) et en confiance avec vous-même, laissez venir spontanément la suite de ces phrases à voix haute :

- « Ce qui m'empêche d'être vulnérable, c'est… »
- « Ce qui m'empêche de dire ma vérité, c'est… »
- « Ce qui m'empêche de me montrer dans toute mon authenticité, c'est… »
- « Ce qui m'empêche de communiquer avec le cœur ouvert, c'est… »

Répétez plusieurs fois chacune de ces phrases, et si les mêmes réponses viennent, répétez-les encore et encore, au moins six fois chacune.

N'ayant pas peur de ce qui peut sortir, c'est le moment d'autoriser votre inconscient à se livrer avec honnêteté et authenticité… Rappelez-vous que tout ce qui est dehors n'est plus dedans !

Une fois que vous sentez que vous n'avez plus rien à ajouter, remerciez-vous en vous prenant dans les bras.

Vous pouvez terminer ce rituel en proclamant à voix haute : « J'ai le droit de partager ma voix en toute sécurité. »

हं

6e CHAKRA

CHAKRA DU TROISIÈME ŒIL

AJNA

Le chakra du troisième œil se situe sur l'espace entre les sourcils et il est associé au mental supérieur. En réalité, nous devrions peut-être parler du premier œil car c'est par lui que nous pouvons voir au-delà des illusions de notre mental et nous connecter à notre intuition.

« Si ton œil est clair tout ton corps entier sera rempli de lumière », nous enseigne maître Yeshua.

Le symbole associé au chakra du troisième œil est une fleur de lotus à deux pétales contenant un triangle pointant vers le bas et le symbole du son « Om ». Les couleurs en lien avec ce chakra sont l'indigo et le blanc luminescent.

Il nous parle de vision intérieure claire, d'ouverture d'esprit et du pouvoir de l'imagination. C'est à travers lui que nous pouvons nous connecter aux dimensions plus subtiles et à nos capacités médiumniques comme la clairvoyance et la clairaudience. Il nous permet de transcender les notions de temps et d'espace.

Discernement

Affirmation :

« J'active ma vision de l'aigle. »

Si cette carte vient à votre rencontre, c'est pour nettoyer les verres des lunettes au travers desquels vous regardez votre vie. Adopter la vision de l'aigle, claire, juste et précise, vous permettra de mieux discerner les possibles illusions qui vous détournent de la vérité et de voir au-delà des apparences.

Respiration d'activation du troisième œil

Cette respiration va venir soutenir votre discernement et vous aider à prendre de la hauteur et une autre perspective sur les situations qui se présentent dans votre vie.

Mise en pratique

Mettez-vous debout et relevez vos coudes vers le haut de chaque côté de votre tête (comme pour vous boucher les oreilles avec l'intérieur de vos bras), vos avant-bras sont pliés vers l'arrière, votre main gauche vient se poser sur le haut de votre colonne vertébrale si possible à l'endroit où vos épaules se rejoignent, sinon au niveau de votre nuque, et la main droite est posée sur la main gauche.

Gardez les yeux ouverts et tournez-les vers le haut. Fixez votre regard sur l'espace entre vos sourcils tout au long de cette respiration.

Inspirez profondément en soulevant les chevilles pour étirer le corps vers le haut, puis expirez en reposant vos talons au sol.

Continuez ainsi dans un rythme soutenu pendant deux minutes.

Enfin, relâchez les bras et restez debout quelques instants pour observer les sensations dans votre corps et plus particulièrement au niveau de votre troisième œil.

Renoncement

Affirmation :

« Je m'abandonne à plus grand que moi. »

Si vous avez tiré cette carte, c'est pour vous inciter à relâcher votre mental et à vous incliner devant le Grand Vivant qui sait mieux que vous.

Vous êtes certainement pris(e) dans le tourbillon de vos pensées, ce qui vous donne une impression de brouillard et d'enfermement, comme un hamster dans sa roue.

Pour trouver des chemins neuronaux plus créatifs, il est nécessaire d'appuyer sur le bouton « pause » de ce jeu d'identification et de vous en remettre à votre sagesse intuitive.

Posture Gurpranam

Cette posture relaxante sera idéale pour décharger à la Terre tous les sujets qui vous préoccupent.

Musique suggérée

Jaap Sahib, de Sat Nirmal Kaur Khalsa.

Mise en pratique

Asseyez-vous sur vos talons, le ventre sur les cuisses, et placez le front au sol.

Étendez les mains devant vous en mudra de la prière, les mains jointes.

Fermez les yeux et focalisez votre attention sur votre troisième œil, le point entre vos sourcils.

Respirez longuement et profondément par le nez dans cette posture et relâchez toutes vos tensions.

Restez dans cette posture pendant tout le temps que vous le sentirez, sans dépasser trente et une minutes.

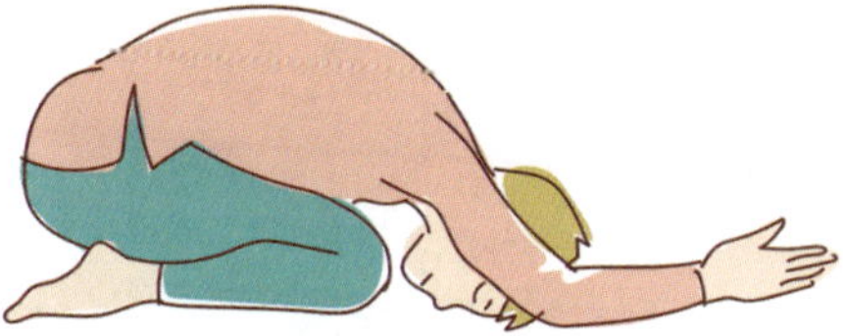

INFINI

Affirmation :

« Rien ne m'appartient et tout passe toujours. »

Cette carte dans votre tirage vient vous questionner sur la manière dont vous vivez le changement. Elle vient attirer votre attention sur l'importance d'honorer ce continuum éternel. Accueillez-vous les cycles de la vie avec fluidité ? Vivre, c'est mourir à chaque instant. Vous faites vous-même partie de ce mouvement vie-mort-vie, que vous le vouliez ou non.

En réalité, c'est le fait de vous accrocher ou de résister à ce mouvement continu qui provoque de la souffrance. Apprenez à voir ces cycles de vie et de mort comme le flux et le reflux des vagues de l'océan d'amour qu'est la vie. Le creux de la vague est aussi essentiel que le haut de la vague, alors laissez-vous aller dans ce *flow* et devenez vous-même la vague.

Méditation Kirtan Kriya

Cette méditation phare du Kundalini yoga est une magnifique occasion de synchroniser votre conscience avec le rythme infini qui fait danser l'Univers depuis la nuit des temps.

𝄞 Musique suggérée

Sa Ta Na Ma, de Tera Naam.

Mantra

- *Sa* = l'infini, le commencement.
- *Ta* = la vie.
- *Na* = la mort, la transformation.
- *Ma* = la renaissance.

Mise en pratique

Asseyez-vous en posture facile, les jambes croisées, la colonne vertébrale bien droite.

Vos yeux sont fermés et votre attention se porte sur le point entre vos sourcils.

Chantez le mantra selon cette gestuelle :

- sur *Sa*, pressez votre index et votre pouce ensemble ;
- sur *Ta*, pressez votre majeur et votre pouce ensemble ;
- sur *Na*, pressez votre annulaire et votre pouce ;
- sur *Ma*, pressez votre auriculaire et votre pouce ;
- puis recommencez en pressant votre index avec votre pouce sur *Sa*, et ainsi de suite.

Commencez par chanter à voix normale pendant deux minutes, puis chuchotez le mantra pendant deux minutes pour vous relier au langage des amoureux.

Restez ensuite en silence pendant quatre minutes en récitant le mantra dans votre tête pour vous connecter au langage du Divin, puis reprenez le chant chuchoté pendant deux minutes et terminez à voix haute pendant les deux dernières minutes de la musique.

Lorsque vous prononcez le mantra, veillez bien à projeter le son en forme de L : il entre par votre fontanelle, au niveau du sommet de votre tête, descend et sort par votre troisième œil, le point entre vos sourcils.

Terminez cette méditation par une profonde inspiration, retenez le souffle le plus longtemps possible, puis expirez en relâchant doucement la posture. Restez tranquillement en silence pendant au moins une minute, puis levez les bras vers le haut pour étirez votre colonne vertébrale vers le ciel.

Expansion

Affirmation :

« Je peux naviguer dans une infinité de réalités. »

Si vous avez tiré cette carte, c'est une invitation à retrouver la connexion à votre canal qui vous permet de recevoir des informations intuitives de manière évidente et instantanée.

Acceptez de vous ouvrir à ce que vous n'attendiez pas. Accueillez le fait que ce que vous preniez pour la seule réalité possible n'est finalement qu'une infime partie de toutes les réalités coexistantes à chaque instant.

Danse de l'expansion

Il est temps d'oser suivre des chemins que vous n'aviez pas envisagés auparavant, de dépasser vos conditionnements pour vous en remettre à votre guidance supérieure.

Musiques suggérées

Nataraja Trance - Shiva Psytrance Mix, de Viking Trance, puis *Outside*, de Suntree et terminez par *Clarity*, de Gerald Jay Markoe.

Mise en pratique

Venez tapoter avec délicatesse sur la zone entre vos sourcils et y déposer une goutte d'huile essentielle de menthe poivrée si vous en avez à disposition.

Fermez les yeux et posez l'intention de voyager dans vos espaces intérieurs inexplorés.

Entrez dans des mouvements répétitifs pour vous aider à lâcher le mental. Cette danse de l'expansion vous entraîne dans un état de transe, un sentiment de liberté et d'expansion infinis.

Relâchez bien vos mâchoires, puis laissez aller votre tête et vos bras dans tous les sens.

Autorisez-vous à naviguer dans un espace de vide fertile dans lequel vous pourrez accéder à des visions, des éclairs de génie, des clés de compréhension précieuses pour votre chemin de vie.

Il se peut que vous ressentiez des sensations physiques intenses, une nausée ou des émotions fortes. Laissez-vous traverser par celles-ci, cela fait partie du processus.

En gardant les yeux fermés, imaginez que vous vous fondez dans la nuit étoilée. Votre vision semble agrandie, pouvant capter des espaces complètement inconnus, et votre regard est aussi pénétrant et incisif qu'un laser.

Laissez votre conscience accéder à d'autres dimensions, s'immerger dans ces espaces de liberté totale.

Pour terminer, prenez un temps de relaxation au sol en remerciant votre corps pour ces états expansés de conscience.

Soyez ouvert(e) à toutes les images que vous pourriez capter pendant votre danse et restez attentif(ve) aux signes qui pourraient se présenter dans les jours suivant cette danse de l'expansion.

IMAGINATION

Affirmation :

« J'ai le pouvoir de créer ma réalité. »

Si vous avez tiré cette carte, il y a de fortes chances que vous ayez perdu la connexion avec votre rêve le plus précieux. Quels sont ces aspirations profondes, joyeuses et lumineuses, que vous souhaitez voir se réaliser dans votre vie ?

Nous avons tous besoin de rêver, de nous autoriser à croire que tout est possible.

Rituel du tableau de vision

Il est aussi important d'avoir une vision claire et précise de ce rêve et de vous y connecter régulièrement pour pouvoir l'attirer magnétiquement, comme par magie. Ce rituel du tableau de vision est d'une puissance incomparable pour vous aider à manifester vos rêves dans la matière.

Matériel

- Une grande feuille blanche ;
- des magazines inspirants ;
- des ciseaux et de la colle.

Mise en pratique

Si vous vous sentez agité(e), prenez un moment pour vous recentrer tranquillement en venant poser une main sur votre cœur et l'autre sur votre troisième œil.

Demandez-leur de vous guider pendant ce rituel.

Vous pouvez par exemple dire à voix haute : « Je demande à ce que chacun de mes gestes et des images que je vais découper soient en accord avec ma plus grande vision, mon idéal de vie, et cela pour mon plus grand bien et celui de tous. »

Pensez à l'ambiance générale, l'environnement que vous souhaitez manifester. Peut-être captez-vous déjà les mots, les symboles, les couleurs dont vous avez envie.

Puis commencez à feuilleter les magazines pour sélectionner vos images (une dizaine suffit en général). Vous pouvez aussi choisir d'ouvrir des pages « au hasard » et faire confiance à ce que vous y trouverez : peut-être que ce sera parfait pour concrétiser votre rêve.

Lorsque vous avez rassemblé suffisamment de matière, vous pouvez passer au collage.

Pendant ce temps de création, veillez à ressentir et à diffuser dans votre corps les sensations agréables et galvanisantes qui vous parcourent, comme si vous viviez déjà dans cette nouvelle réalité.

Si vous sentez que c'est nécessaire, vous pouvez compléter votre tableau en inscrivant des affirmations qui vous soutiennent dans la réalisation de ce projet.

Placez-le bien en évidence, dans une pièce de votre lieu de vie, et prenez un temps pour le contempler pendant quelques minutes chaque jour. Il sera votre boussole, votre phare dans la nuit et dans les moments de doute.

7ᴱ CHAKRA

CHAKRA DE LA COURONNE

SAHASRARA

Le chakra de la couronne est localisé au sommet de notre tête, d'où son nom, et il est associé à la glande pinéale. Son symbole est le lotus à mille pétales représentant l'illumination.

Ce chakra a une connexion énergétique avec notre 1er chakra, puisqu'ils se trouvent tous les deux aux extrémités de notre corps physique.

Il concerne tout ce qui est de l'ordre du spirituel, de la sagesse universelle, de la connexion avec l'infini, le sacré, la conscience supérieure.

Il nous permet de transcender nos limitations, qu'elles soient personnelles ou attachées au temps et à l'espace : c'est la porte d'accès au Soi divin, à notre Être cosmique.

Au-delà des mots, le mystère de ce chakra réside avant tout dans l'expérience, car c'est à travers lui que nous pouvons goûter des moments d'extase, de libération, et accéder à l'état d'union avec tout ce qui est.

Miracle

Affirmation :

« Je savoure le miracle
du moment présent. »

Si vous avez tiré cette carte, c'est pour vous inviter à revenir dans votre pleine présence et en apprécier chaque seconde comme si c'était la chose la plus savoureuse que vous n'aviez jamais expérimentée.

Vous avez certainement oublié la magie existant dans le fait de respirer, de jour comme de nuit, sans même que vous ayez à y penser.

Respiration dans votre présence « Je suis »

L'occasion vous est donnée de réaliser maintenant le miracle qui se trouve dans cette divine présence « Je suis » respirant à travers vous et vous permettant d'être en vie. Cette respiration est également l'opportunité de vous rappeler que ni le passé ni le futur n'existent, seul le présent EST, tout comme vous.

Musique suggérée

Moments, de Deep Watch.

Mise en pratique

Asseyez-vous en posture facile, les jambes croisées, le dos bien droit, les mains simplement posées sur vos genoux.

Fermez les yeux et commencez par une respiration longue et profonde.

Sentez votre ventre qui se gonfle à l'inspiration et qui se relâche en se vidant progressivement à l'expiration.

Puis inspirez profondément par le nez, retenez l'air poumons pleins quelques instants et expirez par la bouche en prononçant le son « Psssssshhhhhh ».

En vous concentrant sur le sommet de votre crâne, visualisez que l'air s'échappe depuis votre fontanelle, au niveau de votre chakra de la couronne en une lumière dorée lumineuse.

Continuez ainsi pendant trois à onze minutes selon le temps dont vous disposez.

Élévation

Affirmation :

« Je relève tous les défis de ma vie de manière créative et inspirée. »

Cette carte se présente à vous pour vous encourager à venir réveiller l'énergie de votre Kundalini pour remettre un élan créatif dans votre vie.

Il se pourrait que vous ressentiez des blocages dans votre créativité ou dans votre sexualité car vous vous êtes déconnecté(e) de votre étoile du nord, de votre guidance céleste. L'énergie sexuelle et créative ainsi que celle de la spiritualité ont en réalité la même essence. Rappelez-vous que vous êtes un être spirituel venu faire une expérience terrestre.

Posture de Sat Kriya

Il s'agit ici d'amener l'énergie stagnante de vos chakras inférieurs vers le haut de votre colonne vertébrale pour vous insuffler le souffle de votre véritable identité.

Musique suggérée

Sat Nam-Energise, de Maya Fiennes.

Mise en pratique

Asseyez-vous sur vos talons, les yeux fermés focalisés sur le point entre vos sourcils. N'hésitez pas à glisser un coussin sous vos fesses pour plus de confort.

Venez étirer vos bras au-dessus de votre tête avec les coudes bien droits, collés contre vos oreilles.

Entrelacez vos doigts sauf les index, qui sont tendus vers le haut. Pour les femmes, votre pouce gauche repose sur votre pouce droit et pour les hommes, c'est l'inverse.

Chantez le mantra *Sat Nam* en rythme constant et continu avec la musique. Lorsque que vous chantez *Sat* tirez le nombril vers votre colonne et quand vous chantez *Nam* relâchez votre nombril.

Continuez ainsi pendant trois à onze minutes.

Pour terminer, inspirez à fond par le nez, contractez la fermeture mulabandha (rétractez votre anus, votre périnée et votre nombril en remontant le diaphragme), retenez le souffle à poumons pleins, et ressentez l'énergie monter le long de votre colonne vertébrale.

Expirez et relâchez doucement les bras en halo autour de votre aura et allongez-vous sur le dos quelques instants pour vous relaxer complètement.

Guérison

Affirmation :

« Toutes mes cellules vibrent
la pleine santé. »

Si cette carte se présente dans vote tirage c'est pour vous inviter à faire une pause et vous offrir une douche d'amour en lien direct avec l'énergie guérisseuse de la Source. Toutes vos cellules ne demandent que votre attention bienveillante pour redevenir brillantes et scintillantes. Offrez-vous ce moment de régénération profonde que votre corps appelle, dirigé par la guidance de votre âme.

Méditation Siri Gaitri Mantra

Cette méditation est un incroyable baume pour rétablir l'équilibre dans votre corps, amener une neutralité dans votre mental, guérir toute blessure émotionnelle et vous harmoniser avec le flux de l'Univers.

𝄞 Musique suggérée

Ra Ma Da Sa Healing, d'Ajeet Kaur.

Mantra

Ra Ma Da Sa, Sa Say So Hung

On pourrait traduire *Ra* par le « Soleil », *Ma* par la « Lune », *Da* par la « Terre », *Sa* par l'« infini impersonnel » ; *Say So Hung* évoque votre expérience d'immersion dans cet infini. Ces huit syllabes viennent stimuler l'énergie de la Kundalini dans le canal central de la colonne vertébrale.

Mise en pratique

Asseyez-vous en posture facile, les jambes croisées, la colonne droite et le menton légèrement rentré.

Fermez les yeux.

Amenez vos coudes pliés contre votre buste et orientez vos mains le plus possible perpendiculaires à vos avant-bras. Vos paumes sont à plat vers le haut, en position d'accueil.

Chantez le mantra avec votre cœur, en rythme sur l'air de la chanson en envoyant vos prières de guérison d'abord pour vous-même, puis pour le monde et à toute personne le nécessitant.

Pour terminer, prenez une grande inspiration, retenez le souffle quelques instant, puis relâchez et restez en silence quelques instants en gratitude pour ce moment que vous vous êtes accordé.

Dévotion

Affirmation :

« Je réalise la beauté de mon âme. »

Si vous avez tiré cette carte, c'est une invitation à renforcer votre connexion spirituelle, à approfondir l'intimité avec votre âme pour que vous puissiez trouver de la profondeur dans les actions les plus anodines de votre vie quotidienne.

Vous extasiez-vous devant la beauté de votre âme, sa pureté et son courage ? Réalisez tout le chemin qu'elle a parcouru pour que vous soyez ici à lire cette carte.

Rappelez-vous du pourquoi vous êtes venu(e) faire cette expérience sur Terre. Quelle est votre mission sur cette planète ? Souvenez-vous… Peut-être avez-vous perdu le contact avec le sens plus profond de votre existence. Alors la vie peut vous sembler vide et effrayante.

Que ce soit par le mantra bouddhiste *Om Mani Padme Hum* vous invitant à contempler le joyau dans le lotus, la prière à Mère Marie *Ave Maria* ou l'appel d'extase *Wahe Guru*, ces chants de l'âme nous guident tous sur la voie de la dévotion sincère envers ce qui nous relie tous : l'AMOUR.

Danse de l'âme

L'intention de cette danse est de vous faire tendre vers encore plus d'unité entre votre corps et votre âme, sous la guidance du Grand Esprit pour que chaque jour sur cette Terre soit une fête.

Musiques suggérées

Om Mani Padme Hum, d'Alexia Chellun, puis *Ave Maria* d'Ashana, et terminez par *Bach Wahe Guru* (Prelude in C Minor), de Liv & Let Liv.

Mise en pratique

Cette danse de l'âme est comme une longue méditation en mouvement. C'est votre prière à votre âme, alors soyez en dévotion, conscient(e) du sacré de ce moment, et honorez-la au travers des mouvements intuitifs de votre corps.

Fermez les yeux et appelez la présence de votre âme.

Sentez le monde matériel commencer à se dissoudre petit à petit autour de vous. Seul demeure votre observateur intérieur.

Laissez-vous baigner dans ce bain d'extase qu'il vous est permis de ressentir grâce à votre corps et restez conscient(e) de la présence de votre âme qui danse au travers de votre enveloppe physique.

Ressentez sa couleur, sa vibration, et n'hésitez pas à communiquer avec elle.

Ouvrez-vous à recevoir les messages de votre âme et de vos guides spirituels.

UNITÉ

Affirmation :

« Je réunis toutes les parties de moi. »

Si vous avez tiré cette carte, c'est une occasion de ramener de l'unité entre les différentes dimensions de votre être. Vous ressentez certainement une tension interne, une situation de conflit entre différentes parties de vous, ce qui vous empêche de vous sentir complet(ète) et en paix.

Cette situation demande de vous poser avec chacune d'elles pour aller écouter ce qui se joue à l'intérieur de vous.

L'idée de ce rituel est de vous donner accès à une perspective plus vaste, d'aller à la rencontre de la part plus sage en vous, « celle qui sait » ou votre Moi supérieur.

Ainsi, vous pourrez vous désidentifier de votre Moi blessé et accéder à une compréhension plus large des aspects de votre vie.

Rituel : conversation entre votre Moi blessé et votre Moi supérieur

Matériel

- Votre carnet de pratique ;
- deux crayons de couleur différente.

Mise en pratique

Utilisez un crayon différent pour chacune des voix qui parle en vous. C'est une écriture spontanée qui ne passe pas par le mental.

Vous pouvez au préalable passer un accord avec votre mental en lui demandant de ne pas intervenir pendant ce temps de rituel en lui expliquant qu'il est en sécurité et qu'il peut aller se reposer tranquillement jusqu'à ce que vous reveniez le chercher.

Vous pouvez inscrire les initiales pour chacune des parties de vous qui vont s'exprimer sur le papier. Par exemple MB pour « Moi blessé » ou PM pour « petit Moi » et MS ou S pour « Moi supérieur », « Sage » ou « Soi ».

Commencez par votre « Moi blessé », laissez écrire votre stylo jusqu'à ce que cette part n'ait plus rien à dire. Ne l'interrompez pas.

Incitez chaque part à s'exprimer en toute liberté en lui demandant par exemple : « Qu'as-tu à me dire cher "petit Moi" ? De quoi as-tu besoin ? ». Puis laissez s'exprimer votre Moi supérieur qui aura surement une perspective plus vaste, plus sereine et rassurante sur ce qui préoccupe votre moi blessé.

N'hésitez pas à répéter les questions plusieurs fois si vous sentez que le dialogue met du temps à se mettre en place, laissez la confiance s'instaurer petit à petit entre vos différents parts.

Enfin, lorsque vous sentez que tout a été dit, prenez bien le temps de remercier chacune de vos parts et votre guidance intérieure pour ce moment de réunification.

CARTES « GURU »

LE DÉFI DE PASSER DE L'OMBRE À LA LUMIÈRE PAR LA TRANSPARENCE

« La déesse manifestée comme action est l'essence de la transparence…

La perfection n'est pas l'expérience de la conscience coupée du monde, mais l'expérience de la conscience pure comme monde, action, vie, souffle, parole. Tel est l'éveil complet de la Kundalini* », nous transmet le maître de tantra cachemirien, Swami Lakshman Joo.

Et si tout l'enjeu de la vie consistait à accepter ce jeu de la dualité qui nous est proposé dans cette dimension terrestre, en unissant la puissance du désir (Shakti) avec la puissance de la contemplation (Shiva) ?

La parfaite intégration de ces deux aspects en Soi nous permettrait ainsi d'arriver à l'« essence de la transparence », à savoir la mise en action de notre Kundalini dans le monde.

---

* Swami Lakshman Joo, *Le Secret de la Kundalini*, traduit du sanskrit par David Dubois, Lulu.com, 2015, p. 45.

Maîtrise

Affirmation :

« Je suis maître(sse) de mon destin. »

Si votre Guru intérieur vous a amené(e) à tirer cette carte, c'est pour vous rappeler que vous êtes votre propre Guru.

Vous êtes le Guru. Vous êtes le Guru.

Vous êtes le Guru. Vous êtes le Guru.

Vous êtes le Guru. Vous êtes le Guru.

Vous êtes le Guru. Vous êtes le Guru.

Vous êtes le Guru. Vous êtes le Guru.

Vous êtes le Guru. Vous êtes le Guru.

Respiration Sodarshan Chakra Kriya

Cette respiration est l'une des plus puissantes du Kundalini yoga. Au-delà des mots, expérimentez-la pour ressentir l'étendue de ses bienfaits !

𝄞 Musique suggérée

Sodarshan Chakra Kriya, de Madhur-Nain Webster.

Mise en pratique

Asseyez-vous en posture facile, les jambes croisées, le dos bien droit et le menton légèrement rentré.

Gardez les yeux ouverts et posez votre regard sur le bout de votre nez. L'attention à cet endroit va venir stimuler votre glande pinéale, ce qui a un effet apaisant et vous donne accès à davantage d'intuition.

Si vous ressentez une sensation de vertige, n'hésitez pas à clignez plusieurs fois des yeux, cet inconfort se dissipera.

Venez joindre votre pouce et votre index gauche ensemble en Gyan mudra et posez votre main gauche sur votre genou.

Bloquez votre narine droite avec votre pouce droit et inspirez longuement et profondément par la narine gauche.

Puis suspendez votre respiration poumons pleins et chantez mentalement *Wa - Hé Guru*, 16 fois d'affilée sans reprendre votre souffle en pompant votre nombril vers votre colonne vertébrale.

Dans l'idéal, vous devez rentrer le nombril sur chaque syllabe (une fois sur *Wa*, une fois sur *Hé*, et une fois sur *Guru*) ce qui fait un total de 48 pulsations.

Suivez le rythme de la musique si votre capacité respiratoire vous le permet, sinon ajustez selon vos possibilités du moment. Soyez patient(e) dans votre progression.

Après ces 16 répétitions du mantra, relâchez votre pouce droit, bloquez votre narine gauche avec votre index droit et expirez lentement et profondément par votre narine droite. Puis recommencez le cycle en bloquant votre narine droite avec votre pouce droit et inspirez complètement par la narine gauche. Suspendez votre respiration poumons pleins et pompez avec votre nombril en chantant mentalement WA-HÉ-GURU.

Continuez ainsi pendant trois minutes, puis augmentez au fur et à mesure le temps de pratique jusqu'à onze minutes.

Pour terminer, inspirez et retenez le souffle quelques instants, puis expirez.

Amenez vos bras vers le haut en vous étirant et venez secouer vos bras et vos mains autour de vous pour disperser toute cette énergie.

Enfin, détendez-vous allongé(e) sur le sol et ressentez la joie et le bien-être se diffuser dans tout votre corps.

ILLUMINATION

Affirmation :

« Je ne fais qu'un avec tout l'Univers. »

Si vous avez tiré cette carte, c'est une invitation à vous rappeler que vous et celui que nous appelons Dieu n'êtes qu'UN. Vous êtes fait(e) de la même essence que le Créateur de l'Univers, car vous êtes une partie de la Source, comme une goutte dans l'océan de la vie.

Le Créateur et sa création ne font qu'un : c'est cela votre véritable identité.

Sachant cela, pourquoi continuer à rejeter certains aspects de la création ? Apprendre à vous aimer, dans toute votre dualité et vos paradoxes, sans aucune distinction, ne serait-ce pas cela la véritable illumination ? L'illumination provoquée par cette compréhension vous permet de cesser la lutte, de réaliser que vous êtes déjà complet(ète) et de laisser la perfection divine s'exprimer à travers vous.

Posture du Long Ek Ong Kar

Cette pratique va venir ancrer cette prise de conscience dans votre corps, grâce au « débouchage » de vos chakras les uns après les autres, réveillant ainsi l'énergie de votre Kundalini.

Musique suggérée

Morning Call (Long Ek Ong Kar), de Jai-Jagdeesh.

Mantra

Ek Ong Kar Sat Nam Siri Wahe Guru

Ce mantra est appelé l'« Adi Shakti mantra ».

Il est composé de huit syllabes correspondant aux huit centres énergétiques de notre corps (nos sept chakras principaux ainsi que notre aura).

Mise en pratique

Asseyez-vous en posture facile, la colonne bien droite et le menton rentré vers la base de votre cou.

Rejoignez le bout de vos pouces et de vos index ensemble en Gyan mudra et posez vos mains sur vos genoux.

Chantez le mantra sur un cycle de deux respirations et demi comme ceci :

Inspirez profondément et contractez votre anus (1er chakra) en chantant *Ek*, puis prolongez l'ascension avec *Ong* en rentrant votre bas ventre (2e chakra), chantez enfin *Kar* en rentrant votre nombril (3e chakra).

Inspirez à nouveau profondément et en chantant *Sat* projetez le son depuis le centre de votre poitrine (4e chakra), prolongez avec *Nam* en le faisant vibrer à travers votre gorge (5e chakra) et terminez par un très furtif *Siri* au niveau de votre troisième œil (6e chakra).

Prenez enfin une moitié d'inspiration pour chanter *Wa* en visualisant l'énergie sortir du sommet de votre crane (7e chakra).

Relâchez la contraction des trois premiers chakras et expirez en prononçant *Hé Guru*.

Ressentez l'énergie se diffuser tranquillement, puis recommencez le cycle.

Continuez ainsi pendant sept minutes pour démarrer. Vous pourrez par la suite prolonger cette expérience jusqu'à deux heures trente !

Libération

Affirmation :

« Chacune de mes actions est une opportunité de me libérer. »

Cette carte vient à vous dans votre tirage pour vous proposer une libération karmique. Que vous en soyez conscient(e) ou non, nous sommes tous soumis à la loi du karma qui affecte notre champ énergétique à chacune de nos pensées, de nos actions, de nos paroles. La seule manière de dépasser ces liens de cause à effet est de pardonner et de remettre au cœur de la Source ces manifestations non résolues. Ne vous inquiétez pas, la douceur de l'eau guérisseuse vous soutient !

Méditation de purification de la ligne d'arc

Cette méditation, en lien avec les karmas stockés à cet endroit, va vous permettre d'amener un geste de compassion sur vos schémas réactionnels et venir nettoyer les vieux programmes hérités de toutes vos incarnations, qui sont aujourd'hui obsolètes et ne servent pas l'amour et l'unité.

Mantra

Wahe Guru Wahe Guru Wahe Guru Wahe Jio

Wahe est comme un cri d'extase et *Jio* est l'âme.

Ce mantra pourrait être traduit par : « Quelle félicité de passer de l'ombre à la lumière, âme du monde bien-aimée. »

Musique suggérée

Wahe Guru Wahe Jio, de Shanti Sound et Michelle Byrne.

Mise en pratique

Asseyez-vous en posture facile, les yeux fermés.

Amenez vos coudes proches de vos côtes, et pliez vos avant-bras à 90° parallèles au sol, les paumes ouvertes vers le ciel en forme de coupe, à l'aplomb de vos genoux.

Levez les coudes pour ramener vos mains vers l'arrière, au-dessus de vos épaules, puis revenez en position initiale.

Chantez le mantra en rythme avec un mouvement fluide et continu.

Visualisez que vous prenez de l'eau au creux de vos mains et que vous la jetez dans votre dos, comme pour vous laver.

Imaginez toutes ces choses dont vous souhaitez vous débarrasser qui se fluidifient grâce à l'énergie guérisseuse de l'eau.

Pour terminer, inspirez les coudes vers l'arrière, retenez le souffle quelques instants et expirez en relâchant les bras.

Prenez un temps d'intégration assis(e) ou allongé(e).

Accueillez les sensations dans votre corps, la circulation de l'énergie, et remerciez-vous.

Renaissance

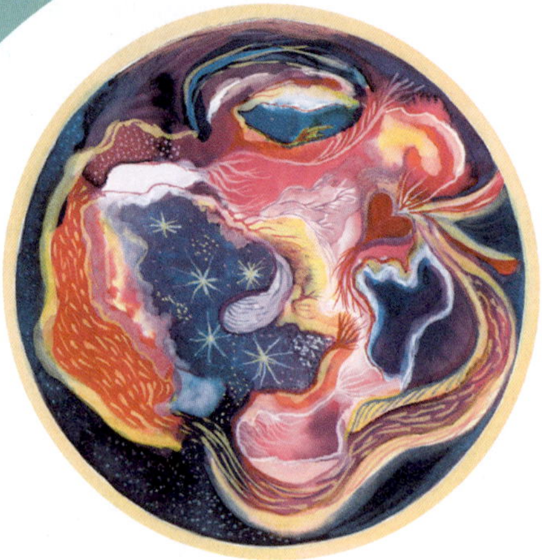

Affirmation :

« Aujourd'hui est un bon jour pour renaître. »

Si vous avez tiré cette carte, c'est une invitation à prendre conscience de tout votre potentiel à la fois humain et divin. Votre corps va mourir un jour mais votre âme, elle, est immortelle. On peut alors dire que la mort est une illusion sur un certain plan.

C'est la proposition que cette danse vous invite à explorer, en sachant que chaque mort est aussi l'occasion d'une renaissance.

Danse de la graine

Vous serez soutenu par le Mul mantra, ce mantra graine dans lequel est transmise l'essence du Kundalini yoga. Par ces mots divins, Guru Nanak nous partage la voie d'évolution possible au niveau de notre conscience humaine. Le chanter, c'est plonger dans la profondeur de votre âme et l'insondable immensité du grand mystère de la vie.

𝄞 Musique suggérée

Mul Mantra, de Gurunam Singh.

Mantra

Ek Ong Kar Sat Nam
Karta Purk Nirbhao Nirvair
Akaal Moort, Ajoonee,
Saibang Gur Prassad Jap
Aad Such, Jugaad Such, Haibee Such,
Naanak Hosee Bhee Such

Mise en pratique

Commencez cette danse en position fœtale, à même le sol. Imaginez que vous êtes une graine, enfouie au plus profond de la terre. Abandonnez-vous à l'obscurité de cette terre, vous pouvez en sentir l'odeur, la texture. Vous n'êtes pas encore né(e), mais vous ressentez sûrement déjà l'énergie de vie monter en vous.

Restez là, immobile, jusqu'à ce que vous sentiez l'impulsion pousser depuis vos profondeurs. Laissez alors votre corps se mouvoir spontanément et se dérouler. Il va pouvoir sortir de terre progressivement pour aller à la rencontre de l'inconnu dans ce nouvel espace en lui.

Sentez la lumière qui vous appelle et vous fait vous relever. Ressentez l'énergie de la joie qui fait s'ériger votre corps.

Lorsque vous serez finalement debout, restez un moment immobile et savourez les amples inspirations et expirations qui vous traversent.

Goûtez au plaisir d'être vivant(e) ! Pour célébrer votre renaissance, vous pouvez chanter le mantra si vous en avez envie. Laissez-vous traverser par cette nouvelle identité qui souhaite s'exprimer dans ce moment précieux.

Enfin, il est temps de progressivement retourner à la terre.

Terminez cette danse dans la posture du cadavre, en Savasana.

Étendez-vous sur le dos, les bras le long du corps, les paumes tournées vers le haut.

Séparez légèrement les pieds pour que la posture soit le plus confortable possible.

Fermez les yeux et détendez tout votre corps.

Essayez de ne pas bouger dans cette posture et accueillez avec gratitude ce qui est présent.

ALCHIMIE

Affirmation :

« Mon ombre est ma lumière. »

Cette carte vient à vous dans votre tirage pour vous permettre de reconnaître et d'aimer toutes les parts de vous, y compris celles que vous essayez de cacher ou dont vous ignorez peut-être même l'existence.

Êtes-vous prêt(e) à devenir cette nouvelle version de vous-même, complète et consciente de son potentiel d'infinie sagesse ? Pour cela, vous ne pouvez pas faire l'économie d'aller rencontrer vos ombres.

Ne fuyez pas devant l'obscur : ce que vous considérez comme monstrueux a besoin d'être accueilli sans jugement pour être transformé en lumière. C'est uniquement grâce à la conscience et à l'ouverture à votre Soi, votre Guru intérieur, que l'amour peut circuler librement vers votre Moi blessé.

Rituel : mon théâtre intérieur

L'intention de ce rituel est de vous permettre de rencontrer ce Moi dans toutes ses facettes, des nuances les plus sombres aux plus lumineuses, sous la bienveillance de votre alchimiste intérieur, votre cœur.

L'idée est que vous puissiez tomber en amour avec ces paradoxes et ces contradictions pour vivre en harmonie avec ces couples d'opposés en vous.

Musiques suggérées

Tantra, de Raphael, puis *Society of Dreams*, de Liquid Mind.

Matériel

- Un miroir ;
- des crayons de maquillage.

Mise en pratique

Installez-vous confortablement devant votre miroir. Vous pouvez mettre un fond musical si cela vous rassure.

Observez simplement les traits de votre visage : vos yeux, vos sourcils, votre bouche, votre nez.

Que voyez-vous dans le reflet que vous renvoie le miroir ? Regardez de plus près… encore plus près.

Qui est cette personne que vous regardez et qui vous regarde aussi ? Commencez à vous poser cette question : qui suis-je ?

Continuez, continuez, continuez inlassablement à reposer cette question à voix haute pendant une dizaine de minutes.

Qui est là devant vous, au-delà de cette enveloppe physique et de vos fausses identités ?

Sentez les masques tomber un à un, tous ces personnages auxquels vous vous identifiez, et demandez-vous intérieurement : Suis-je vraiment ce garçon (cette fille), cet homme (cette femme), cet(te) ami(e), ce frère (cette sœur), cette profession que j'exerce ?

Ressentez et accueillez les sensations et les émotions désagréables qui peuvent surgir. Si vous ressentez l'envie de fuir, restez avec cela et laissez œuvrer l'alchimiste en vous.

Commencez à tomber amoureux(se) de l'essence que vous vibrez, de cette divine humanité que vous percevez au travers de vos pupilles, le miroir de votre âme.

Vous pouvez à présent retourner dans votre théâtre personnel en gardant en arrière-plan cette sensation du Soi et venir souligner avec des traits de maquillage un des personnages que vous avez identifiés.

Cela peut être le mesquin, le jaloux ou le tyran en vous. Ne les jugez pas, amusez-vous-en. Rappelez-vous que cette partie plus sombre n'est que l'autre face de votre lumière.

Laissez votre créativité s'exprimer pleinement et souvenez-vous que la vie est un grand jeu et que le Créateur a besoin de vous pour se reconnaître dans toutes ces facettes.

Pour clore ce rituel, vous pouvez vous démaquiller en remerciant cette part de vous qui a bien voulu se montrer aujourd'hui, ou bien pousser l'expérience jusqu'à garder ce masque pendant toute votre journée.

Prenez soin de noter vos prises de conscience dans votre journal de pratique.

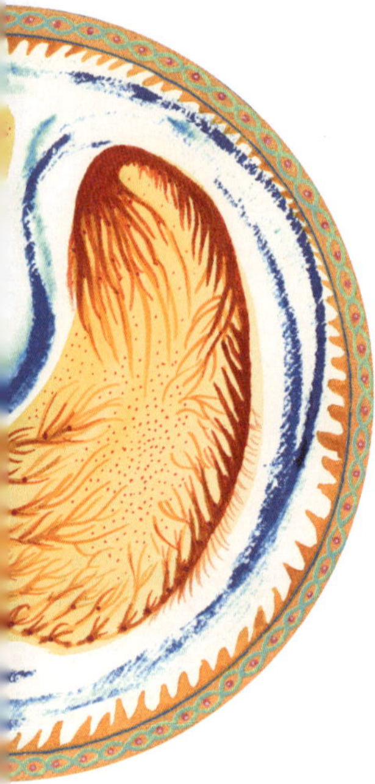

REMERCIEMENTS

Merci à tous mes alliés sur le chemin, la création de cet oracle fut un véritable travail d'équipe :

Merci à Martine Groult, abuelita de la selva, pour la mise en lien avec Karine Sylvestre, qui m'a ouvert la porte des Editions Leduc.

Merci à Sandrine Navarro présente au début du projet pour son accueil chaleureux et sensible et à Mégane Didelet Mani, pour son ouverture et son regard confiant et enthousiaste tout au long de cette aventure éditoriale.

Merci à Romulo Pelliza et Emilio Escariz, merveilleux magiciens au service du vivant.

Merci à Flo Kardinal, louve chorégraphe et guérisseuse qui m'a reconnectée à la danse et à ma nature profonde.

Merci à Valentin Bordeaux et Marion Sebih, pour leurs enseignements de Kundalini yoga, joyeux et authentiques.

Merci à Sandrine Bataillard, avec qui j'ai découvert la création des mandalas de manière initiatique et ludique.

Merci à mes amies de cœur : les Madeleines et les Inspiratrices.

Merci à ma sœur Marie, pour son soutien et son amour.

Merci à ma mère, Sylvie, de m'avoir transmis la flamme artistique.

Merci à mi hermano M., pour sa présence dans l'invisible.

Merci à tous les artistes créateurs des musiques suggérées.

À PROPOS DE L'AUTRICE

Alice Morgane Dancette aime se définir comme « la fille d'un arc-en-ciel et d'un cactus en fleur », exploratrice de l'énergie de vie, elle vit proche de la forêt de Fontainebleau.

Artiste peintre et art-thérapeute, elle chemine sur la voie du chamanisme et du mandala depuis de nombreuses années, qui lui ont permis de retrouver sa place et son unicité dans le monde.

Nourrie par la complicité qu'elle entretient avec la nature et émerveillée par le pouvoir de guérison des couleurs, c'est cette vibration d'amour transmis par le Vivant qu'elle souhaite retranscrire dans ses mandalas.

Formée au Kundalini yoga, elle trouve dans cette pratique alchimique un moyen puissant de redevenir souveraine et créatrice de sa vie, qu'elle a à cœur de transmettre de manière la plus accessible possible.

Son travail est également alimenté par sa pratique de danse libre et du chant spontané qui la reconnecte à son essence avec joie et simplicité.

- Mon site internet : *www.guapamaya.com*
- Instagram : *@guapamaya.a*
- Page Facebook : *Alice Morgane Dancette*

Chère lectrice, cher lecteur,
Un soin tout particulier a été apporté à la fabrication de ce coffret.

Toutefois, si vous constatiez le moindre défaut, nous vous invitons à nous envoyer une photographie de votre coffret à l'adresse suivante : info@editionsleduc.com

Nous mettrons alors tout en œuvre pour répondre à votre demande le plus rapidement possible.

Cet ouvrage est composé de matériaux issus
de forêts bien gérées certifiées FSC®, de matériaux
recyclés et de matériaux issus d'autres sources
contrôlées. Le Forest Stewardship Council® est une
organisation internationale non gouvernementale
qui encourage une gestion écologiquement adaptée,
socialement bénéfique et économiquement viable
des forêts de la planète. Pour en savoir plus,
consultez le site *www.fsc.org*

FSC
www.fsc.org
MIXTE
Papier issu de
sources responsables
FSC® C007507

Achevé d'imprimer en mars 2023
par M Paper Asie

Dépôt légal : mars 2023